Wieland Schmid
Yoga für Christen

Wieland Schmid

# Yoga für Christen

Ein Übungsbuch

Herder Freiburg · Basel · Wien

Fotos: Tanja Gromes

Umschlagfoto: BAV – Helga Lade
Alle Rechte vorbehalten – Printed in Germany
© Verlag Herder Freiburg im Breisgau 1991
Herstellung: Ebner Ulm 1991
ISBN 3-451-22427-5

## Inhalt

| | |
|---|---|
| Vorwort | 7 |
| Was ist Yoga? | 11 |
|    Herkunft und Entwicklung | 11 |
|    Ist Yoga eine Religion? | 19 |
|    Kritik am Yoga | 21 |
|    Warum Yoga für Christen? | 30 |
| Ehe wir mit Üben beginnen | 35 |
|    Wie sollen wir üben? | 35 |
|    Das richtige Stehen, Liegen und Sitzen | 40 |
| Die Haltungen und Übungen im einzelnen | 43 |
|    Die Übungsreihe auf einen Blick | 43 |
|    Die Besinnung | 48 |
|    Erleben des Atems | 52 |
|    HA-Ausatmung | 57 |
|    Der Halbmond | 62 |
|    Die Demutshaltung | 67 |
|    Die Haltung der Kobra (Schlangenhaltung) | 75 |
|    Die Haltung des Bogens | 80 |
|    Der Drehsitz | 84 |
|    Die Haltung des Helden | 89 |
|    Die Haltung des Baumes | 93 |
|    Die Haltung des Berges | 98 |

Die Kerze oder Flamme                    102
Die Haltung des Fisches                  106
Die Alle-Glieder-Haltung                 111
Die Entspannung                          116
Der „Gruß an die Sonne"                  123
Die Bekräftigungsformeln (Einreden)      128

Die Meditation                           133

Warum Meditation?                        135
Wie soll man meditieren?                 141
Meditation und Gebet                     143
Das Leitwort                             146
Vorschläge zur Meditation                149

Weiterführende Literatur                 157

## Vorwort

*Yoga für Christen?* Diese Frage wird gleichermaßen Zustimmung finden wie Ablehnung erfahren, je nach dem Standpunkt, vor allem aber je nach dem Verständnis, das wir vom Yoga haben. Nur wer sich darauf eingelassen hat, vermag ihn zu beurteilen. Manche Verurteilung rührt allein daher, daß es an genügend Sachkenntnis fehlt oder daß kritische Meinungen und Äußerungen anderer übernommen werden.

Der Verfasser hat sich vor mehr als zwei Jahrzehnten, mitten in einer schweren Lebenskrise, auf Yoga eingelassen. Er hat erfahren, daß Yoga eine große Hilfe sein kann. Aus dieser Erfahrung heraus vermittelt er Yoga weiter, u. a. seit über zehn Jahren in einer katholischen Kirchengemeinde Stuttgarts. Während dieser Zeit ständigen Umganges mit vielen Menschen und Suchenden konnte er eine Fülle von Erfahrungen sammeln.

Nach Vorträgen und Einführungen in den Übungsweg des Yoga wurde er auch immer wieder gefragt: „Können Sie nicht eine Übungsgruppe bei uns einrichten?" Manches Mal ist es möglich, daß eine Art Einweisung gegeben wird. Die Teilnehmer haben dann ein „Modell" in der Hand, nach dem sie üben können und das sich, mit Hilfe ergänzender Hinweise, erweitern läßt. Doch oft wird dann nach „Mehr" verlangt. Aus verschiedenen Gründen, bei denen die „liebe Zeit" eine wesentliche Rolle spielt, kann dieses „Mehr" meist nicht gegeben werden. Telefonische Auskünfte sind eine Ersatzlösung, die nicht befriedigen kann.

Zudem nimmt die Zahl derjenigen ständig zu, die Yoga

während eines Urlaubs, in einem Sanatorium, in einer Fasten- oder ähnlichen Gruppe kennengelernt haben. Sie möchten gerne weiterüben, kommen dann aber, sofern sie Anschluß an eine Yoga-Schule gefunden haben, zuweilen mit ihrem christlichen Glauben in Konflikt. Sie fürchten, dem Christentum durch einen indisch oder allgemein östlich geprägten Yoga entfremdet zu werden.

So erschien es zweckmäßig, ein spezielles Buch mit Übungen für Menschen zu schreiben, die aus christlicher Grundhaltung heraus Yoga üben wollen, mit den üblichen, teilweise recht guten Yoga-Büchern aber deshalb nicht zurechtkommen, weil sie darin einen christlichen Bezug vermissen.

Dem Verfasser ging es nicht darum, dem Yoga an sich den Stempel „christlich" aufzudrücken, und er möchte auch nicht einen „christlichen Yoga" kreieren, vielmehr Christen Empfehlungen geben, wie sie Yoga üben können. Er wünscht und hofft, daß dieses Buch wenigstens zu einem Teil die vielen Fragen beantwortet, welche sich aus dem Üben heraus ergeben und eine brauchbare Anleitung vermittelt für Menschen, die nach einer Übungs-Form zur Vertiefung ihres religiösen Lebens unter Einbeziehung ihres Körpers in ihre Gebets- und Meditationspraxis suchen.

Eine Yoga-Reihe, am Morgen geübt – das hat der Verfasser selbst oft und oft erfahren –, kann wahrhaftig zu einem Gebet der Sammlung werden. Durch die Einnahme verschiedener Körperhaltungen sammeln wir uns in unserem Innersten, unsere Aufmerksamkeit ist ganz auf das Tun des Augenblicks gerichtet. Ein Yoga-Lehrer sagte: „Jede Yoga-Stunde ist eine Begegnung mit mir selbst." Aus der rechten Quelle heraus geübt, wird sie zu einer Begegnung mit Gott: „Die Wirksamkeit jeder Handlung hängt von der Quelle ab, der sie entspringt..." (Thomas Keating in seinem Buch „Das Gebet der Sammlung".)

Daß dieses Buch zustande kam, verdanke ich in erster Linie meiner Frau, die mich in einer ernsten Lebenskrise (fast mit Gewalt!) zum Yoga brachte; meinem Lehrer Rudolf Fuchs, der mir sehr viel geholfen und vermittelt hat, meiner Mitarbeiterin Christiane Gromes, die sich für die Aufnahmen zur Verfügung stellte, sowie Tanja, welche die Fotos herstellte. Nicht zuletzt aber gilt mein Dank den vielen Menschen, mit denen ich seit Herbst 1969 üben und an die ich seit vielen Jahren Yoga weitergeben darf.

# Was ist Yoga?

*Herkunft und Entwicklung*

Dies ist ein Übungsbuch. Es dient vor allem also dazu, dem Interessenten Übungen anzubieten und ihm den Sinn und Hintergrund seines Tuns bewußt zu machen. Wir Menschen des Westens wollen, vielfach im Gegensatz zu denen des Ostens, wissen, was und warum wir etwas tun. Vor allem ein Buch, das sich mit diesem Thema an den Christen wendet, muß neben dem praktischen Teil Zusammenhänge und tiefere Bezüge aufzeichen und auf Kritiken eingehen, die auch heute noch oft am Yoga geübt werden. Es kann dagegen nicht Aufgabe dieses Buches sein, den Yoga, seine Geschichte, seine Entwicklung und Vielfalt ausführlicher darzustellen. Darüber gibt es eine reiche Literatur. Es erfolgt daher eine Beschränkung auf das, was unumgänglich notwendig erscheint, um dem Leser Information und Argumente zu liefern, an denen es sehr oft noch fehlt, wenn das Thema „Yoga und Christentum" zur Sprache kommt.

Yoga ist ein System sehr alter geistiger und körperlicher Übungsmethoden. Seine Entwicklungsgeschichte verliert sich im Schleier uralter Zeiten. Es wird jedoch angenommen, daß Yoga im fernöstlichen Raum, auf dem indischen Subkontinent, entstanden ist. Wann und wie, wird vermutlich niemals endgültig ergründet werden. Es darf aber gesagt werden, daß Yoga sicher das älteste Übungssystem ist, das durch Jahrtausende hindurch überliefert, weiterentwickelt und immer weiteren Kulturkreisen überbracht wurde, wobei es sich sehr vielseitig und vielschichtig ausformte. Der geschichtliche und religiöse Hintergrund des Yoga kommt im wesentlichen aus der Tradition des Hinduismus oder besser Brahmaismus, eine Tatsache, von der sich vorwiegend die westliche Kritik herleitet. Darauf wird in einem gesonderten Kapitel ausführlicher eingegangen.

Aus der ursprünglichen Herkunft des Yoga ist es auch zu verstehen, daß viele Übungen dieses Systems Namen von Tieren und Pflanzen tragen. Dadurch wird einmal die zahlreichen westlichen Menschen immer noch fremde Einheit alles Lebendigen nahegebracht, zum andern lernt der Übende, sich als Person einmal ganz zurückzunehmen und sich in andere Lebensformen hineinzufühlen und -denken, eine Übung, die gerade für den westlichen Menschen heute sehr wichtig sein dürfte, wird doch auch von der modernen Wissenschaft die Einheit alles Existierenden in ihrem unermeßlichen Zusammenhang und ihrer unbegreiflichen Größe mehr und mehr erkannt.

Früheste Zeugnisse des Yoga sind Ausgrabungen, die aus einer vermutlich blühenden Kultur stammen, welche 5000 Jahre oder mehr zurückliegen dürfte. Ursprünglich war der Yoga eine rein geistige Übungsdisziplin. Durch tiefe Meditation, Studium und eine alles umfassende Kraft sollte das „Tat tvam asi" erkannt werden, das „Das bist du", alles ist Brahma, „das Eine", das „Göttliche", und dieses Göttliche und der Mensch, wie alles Lebendige, sind nicht getrennt voneinander, sondern im Grunde eins. Durch die Erfahrung dieser universellen Wahrheit wird „Erleuchtung" erlangt, der Mensch, der sie erfahren hat, wird nicht mehr als Wesen wiedergeboren. Höchstes Bestreben des östlichen Menschen ist es also, das Rad der Wiedergeburten, wie es im Buddhismus heißt, zum Stillstand zu bringen. Dieses „Rad" dreht sich solange, als der Mensch durch sein Tun und Lassen den karmischen Gesetzen anhaftet, also dem Gesetz von Ursache und Wirkung. Sind keine Ursachen mehr vorhanden, gibt es keine Wirkungen. Der Mensch erfährt „Erlösung".

Es gibt sehr viele verschiedene Arten des Yoga, manche indischen Lehrer sagen, so viele, wie es Yoga-Übende gebe. Die wichtigsten und auch im Westen bekanntesten sind die folgenden: Jnana-Yoga, der Weg des Studiums und Wissens, Karma-Yoga, der Yoga der Handlung, des Wirkens, der Bhakti-Yoga, das ist der Yoga der Liebe und der Verehrung, und der Raja-Yoga, der sogenannte königliche Weg, der die verschiedensten Systeme in sich vereinigt und auch den Hatha-Yoga einschließt, den oft, wenn auch recht oberflächlich, als „Körperyoga" bezeichneten Weg. Diese letztere Übungsart mit ihren körperlichen Haltungen, den „Asanas" = „Stellung, Haltung", hat vor allem im Westen zahllose Anhänger gefunden. Im Grunde sind jedoch die verschiedenen Yoga-Systeme nicht voneinander zu trennen, sie durchdringen einander und führen alle zum gleichen Ziel: der Einswerdung mit dem Göttlichen.

Hatha-Yoga strebt die volle Integration des Menschen an, indem sie ihn harmonisiert und in Einklang mit der ganzen Schöpfung bringt. Durch die beständige und konzentrierte „Arbeit" mit dem eigenen Körper soll der Übende sich selbst besser kennenlernen und sich im großen Zusammenhang des Daseins erfahren. Erfahrung und Selbsterkenntnis sind auf diesem Wege die wichtigsten Stationen. Daß durch das regelmäßige Üben der Körper sehr günstig beeinflußt wird, ist eine höchst angenehme Begleiterscheinung, die allerdings im Westen in den Vordergrund gerückt ist und für die meisten, die zum Yoga finden, das wichtigste Motiv für ihr Üben ist.

Wie sich der Yoga im Laufe der Jahrtausende und Jahrhunderte im einzelnen entwickelt hat, worin sich seine verschiedenen Systeme unterscheiden, welche Irrungen und Wirrungen oft damit verbunden waren (und sicher auch noch sind), das geht weit über den Rahmen dieses Buches hinaus. Wer sich dafür interessiert, der findet genügend Informationen. Wir sollten jedoch noch etwas darüber erfahren, wie der Yoga zu uns nach Deutschland kam und wie er sich hier entwickelt hat. Diese Angaben stützen sich auf Unterlagen des Stuttgarter „Instituts für Yoga-Forschung", das 1989 von dem Religionswissenschaftler und Indologen Dr. Christian Fuchs gegründet worden ist. Es sind danach fast genau 100 Jahre her, seit der Yoga in Deutschland, zunächst jedoch ausschließlich in seinem philosophischen Gehalt, bekannt wurde. Körperübungen im Stile des Hatha-Yoga wurden zunächst abgelehnt. Da und dort tauchten sie jedoch noch vor dem Ersten Weltkrieg auf. Das Hatha-Yoga-System ist freilich insgesamt der jüngste Zweig am riesigen Baum des Yoga. Eine ursprünglich noch recht begrenzte Zahl von Körperstellungen diente anfänglich dazu, den Körper auf die sehr langen Meditationen vorzubereiten und ihn in die Lage zu versetzen, viele Stunden, ja Tage und Wochen unbeweglich in der gleichen Sitzhaltung zu verharren.

In den Dreißigerjahren wurde der Hatha-Yoga in Deutschland einem größeren Personenkreis bekannt durch den Exilrussen Boris Sacharow, der 1959 bei einem Autounfall ums Leben kam. Er gründete etwa 1937 in Berlin die erste deutsche Yoga-Schule moderner Prägung. Unter dem Begriff „Indische Körperertüchtigung" wurden auch noch während des Zweiten Weltkrieges immer mehr Menschen durch Fernkurse mit diesem System bekannt.

Die große Zeit des Yoga begann nach Kriegsende. In der Bundesrepublik entstanden zahlreiche private Yoga-Schulen, die teilweise auch heute noch existieren, während neue immer wieder dazukamen und kommen. Pioniere auf dem Gebiet des Hatha-Yoga sind der in Zürich lebende Inder Selvarajan Yesudian (1916 geboren), der sich selbst als Christ bezeichnet, und der belgische Yoga-Lehrer André van Lysebeth. 1962 begannen sich viele Yoga-Anhänger zu organisieren. So existieren heute in der Bundesrepublik die „Deutsche Yoga-Gesellschaft e. V." und der „Berufsverband Deutscher Yoga-Lehrer e. V.". Die Medien, vor allem auch das Fernsehen, trugen durch entsprechende Sendungen wesentlich zur schnellen und weiten Ausbreitung des Yoga bei. Daneben entstand eine umfangreiche Literatur.

Es erscheint, ehe auf den heute im Westen geübten Yoga weiter eingegangen wird, erforderlich, über den Hatha-Yoga noch ergänzend einiges anzumerken. „Ha-Tha" bedeutete im Sanskrit Sonne-Mond, u. a. die Symbole für den männlichen und den weiblichen Anteil im Menschen. Das Üben soll diese beiden Teile (deutlicher Hinweis auf das Lebensgesetz der Polarität!) miteinander vereinen, „versöhnen"; der Mensch soll sich als Ganzes erfahren.

Daß es gerade der Weg des Hatha-Yoga ist, der den westlichen Menschen so stark anspricht, wird aus dessen Veranlagung erklärbar, zu tun, zu handeln, aktiv zu sein. Das stille, unbewegte Sitzen ist vielen fremd. Körperübungen entsprechen ihnen sehr viel mehr. Dabei besteht natürlich die Gefahr, daß Yoga zur reinen Gymnastik wird. Das soll nichts gegen gymnastische Übungen aussagen, im Gegenteil! Wer Gymnastik machen will, soll sich einer entsprechenden Schule oder Gruppe anschließen, er findet dort wahrscheinlich viel eher das, was er sucht. Denn Yoga ist nicht Gymnastik, auch wenn viele der körperlichen Haltungen an gymnastische Übungen erinnern. Yoga zielt auf den *ganzen* Menschen, und es ist nicht Arroganz von Yoga-Lehrern, wenn sie dies betonen. Ein führender Sportmediziner beklagte es, daß der moderne Mensch, der sich für Jogging, Ski-Langlauf, Schwimmen und viele andere Sportarten begeistert (und dies mit vollem Recht tut), oftmals den Körper nur als eine Art Hohlraum betrachtet und diesem „Hohlraum" seine ganze Aufmerksamkeit widmet. Er soll fit sein, gesund, leistungsfähig. Daß der Mensch aber sehr viel mehr ist, so führte der Sportmediziner weiter aus, werde dabei leider völlig vergessen. Ohne die Einbeziehung dieser, wenn wir einmal so sagen wollen, „anderen Teile" unseres Seins bleibt jedoch alles lediglich Stückwerk, gut gemeint, letzten Endes aber ohne Wirkung. Denn es stimmt nicht, daß allein in einem gesunden Körper ein gesunder Geist wohnt. Dieses Sprichwort wird meist verkürzt und unvollständig zitiert.

Sehr viel genauer trifft Schwabens „Nationaldichter", Friedrich Schiller, den Kern, wenn er sagte: „Es ist der Geist, der sich den Körper baut!"

Yogalehrer, vor allem solche der „Alten Schule", bedauern es zutiefst, was heute oft unter dem Begriff „Yoga" angeboten wird. Sie sprechen zuweilen von einer „Entartung" dessen, was Yoga meint, und weisen auf die Vorbedingungen hin, die nach altem Yoga-Verständnis erfüllt sein müssen, ehe ein Schüler damit beginnen darf, sich den eigentlichen Übungsdisziplinen zuzuwenden.

Was sind diese Vorbedingungen? Nun, sie werden im sogenannten „Astanga-Yoga", dem „Achtgliedrigen Yoga-Pfad", als die beiden ersten „Glieder" aufgeführt: „Yama" und „Niyama". Es sind die ethischen Regeln, nach denen ein Yoga-Schüler leben sollte. Sie fordern u. a. Gewaltlosigkeit, Wahrheitsliebe, Mäßigkeit, Geduld, einen sittlich einwandfreien Lebenswandel, Selbstdisziplin, Gelassenheit, Freigebigkeit, Gottesverehrung. Erst an dritter Stelle folgen Asanas, also Körperhaltungen. Die weiteren Stufen oder „Glieder" sind dann: Atemkontrolle, oft etwas sehr oberflächlich als „Atem-Übungen" übersetzt, das Sich-Zurückziehen von den äußeren Objekten, das bedeutet das Sammeln der Lebensenergie im Innenraum, im „Herzen", in unserer „Mitte", die Konzentration, die Meditation und zuletzt „Samadhi", das zur höchsten Erfahrung führt, nach östlichem Verständnis zur „Einswerdung mit dem Göttlichen". Die fünf ersten „Glieder" werden als die äußeren, die drei letzten als die inneren Stufen bezeichnet.

Es ist wohl ohne weiteres ersichtlich, daß sicher nur wenige Menschen übrigbleiben würden, sich auch nur der dritten Stufe zu nähern, wenn die genaue Befolgung der beiden vorangehenden zur Bedingung gemacht würde. Es wäre etwa gleichbedeutend, wie in allen Lebenssituationen stets nach den Regeln der Bergpredigt oder den Zehn Geboten zu leben.

So sehr es für den Christen Aufgabe wäre, danach mit besten Kräften zu streben, so wird es doch nur einer Minderheit gelingen.

Die dritte Stufe, die Asanas, Körperhaltungen, bieten sich also für den Menschen des Westens (und ebenso vermutlich für die allermeisten des Ostens) als „Einstieg" in den Yoga an. Das ist sicher auch richtig so. Die verschiedenen Formen der Körperübungen faszinieren und bringen schon nach kurzer Zeit spürbare körperliche Wirkungen, die zu einem Weiterüben animieren. Viele bleiben dabei, andere werden auf weiterführende Wege aufmerksam. Wer sich auf die Übungen des Körpers beschränkt, vermag dies völlig wertfrei zu tun. Auch ein solcher „wertfreier" Yoga, der von seinem geistig-religiösen Hintergrund, unabhängig welcher religiösen Art, losgelöst ist, ist trotzdem niemals „sinnfrei", wie es stets seinen Sinn hat, wenn jemand zum Yoga findet („Wer sucht, der findet"). 60 Prozent derer, die zum Yoga in irgendeiner Form stoßen, kommen auf Empfehlung von Freunden (die Freundinnen überwiegen bei weitem!), Kollegen, die schon einige Zeit üben, oder Familienangehörigen, viele werden durch Bücher dazu angeregt oder lernten Yoga während einer Freizeit, einem Sanatoriumsaufenthalt und ähnlichen Gelegenheiten kennen. Bei den meisten steht, und ich sage mit vollem Recht „zunächst", der Wunsch nach Entspannung, körperlicher Betätigung und nach einer Steigerung der Konzentrationsfähigkeit an erster Stelle ihrer Motivation. Auch „Körper"- und „Selbsterfahrung" im Sinne der später dargestellten „Selbstverwirklichung" werden häufig genannt. Ich habe jedoch die Erfahrung gemacht, und das gleiche trifft auf meine langjährige Mitarbeiterin zu, daß in zunehmendem Maße seelische Probleme eine Rolle spielen und daß sehr oft Menschen deshalb zum Yoga kommen, vor allem, wenn er von einer Kirchengemeinde oder einer anderen christlich orientierten Einrichtung angeboten wird, weil sie nach einer neuen Sinnhaftigkeit in ihrem Leben suchen.

Nach den Untersuchungen des „Instituts für Yoga-Forschung" gehören die Volkshochschulen zu den eifrigsten Vermittlern des Hatha-Yoga. Im Jahr 1987, andere Zahlen liegen nicht vor, wurden an etwa 700 VHS rund 10 000 verschiedene Yoga-Kurse angeboten. Etwa 150 000 Personen nahmen daran teil. Mit 19,2 Prozent konnten diese Kurse die höchsten Zuwachsraten aller Angebote der Volkshochschulen aufweisen. 1989 zählte das Stuttgarter Institut in der Bundesrepublik 130 private Yoga-Schulen. In den VHS-Kursen wird der Schwerpunkt auf Gesundheit, Entspannung und Regeneration gelegt. Eine betont geistige Ausrichtung ist das Anliegen vieler Yoga-Schulen. Zunehmend werden jedoch auch christliche Inhalte in das Übungssystem des Hatha-Yoga aufgenommen, vor allem natürlich dann, wenn entsprechende Kurse im Rahmen von Kirchengemeinden oder in christlichen Exerzitien-Häusern stattfinden. Auch Turn- und Sportvereine, Kneipp-Vereine und das Deutsche Rote Kreuz bieten Yoga an. Ärzte und Therapeuten entdecken zunehmend den Wert der Übungen in der Physiotherapie und Psychotherapie, bei der Behandlung von Suchtkranken und Rheumatikern. Es gibt Yoga-Kurse für Behinderte und Senioren, für Schwangere, für Manager und andere Führungskräfte der Wirtschaft, für Kinder, für Blinde und Strafgefangene und viele andere. Studien an Universitäten haben zweifelsfrei ergeben, so das zitierte Institut, daß Yoga-Übungen zur Konzentrations- und Leistungssteigerung beitragen. Daher ist auch eine Reihe von Krankenkassen dazu übergegangen, die Teilnahme an Yoga-Kursen zumindest zu einem Teil zu vergüten.

Aus all dem wird ersichtlich, daß Yoga heute für eine nicht genau feststellbare, aber auf jeden Fall überaus große Zahl von Menschen in Deutschland ebenso wie in anderen Ländern der westlichen Welt zu einem nicht mehr wegzudenkenden Übungs-System geworden ist.

Nicht überall, wo Yoga geübt wird, geschieht es jedoch auch unter diesem Namen. Es wird etwa von „Leiblichen Übungen" gesprochen, nicht selten in christlich orientierten Häusern, vermutlich, um Verwirrung unter den Teilnehmern zu vermeiden, die eventuell bei dem Begriff „Yoga" auftauchen könnten. Solche Übungen erfolgen oft im Zusammenhang mit meditativen Veranstaltungen. Es werden auch Phantasienamen erfunden mit meist fremdländischen und zuweilen recht obskuren Begriffen. Auch von „Organgymnastik" und „Yoganastik" wird gesprochen. Hier wird deutlich, daß der geistige und religiöse Hintergrund bewußt herausgenommen wird, und zwar ohne Rücksicht darauf, ob er dem örtlichen Kulturkreis entstammt oder dem Christentum.

## *Ist Yoga eine Religion?*

Wer sich als Christ mit Yoga auseinandersetzt oder sich auf ihn einläßt, dem sind kritische Argumente nicht fremd, ja, er wird sich selbst darauf einlassen müssen, sofern er es mit seinem Glauben – und mit Yoga ernst nimmt! Es ist ein erfreuliches Zeichen, daß dies in so starkem Maße der Fall ist, und solcher Kritik sollte daher von den Verfechtern des Yoga offen und sachlich begegnet werden, denn sie kommt sehr häufig von Personen, denen es ein großes Anliegen ist, Menschen vor Anfechtungen und Zweifeln zu schützen und ihren Glauben von fremden Einflüssen reinzuhalten. Solchen Anliegen muß höchster Respekt gezollt werden.

Auf der anderen Seite zeugen oft die gegen Yoga vorgebrachten Argumente von wenig Sachwissen und vor allem von keinerlei eigener Erfahrung. Es wird dabei auch oft von einem einseitigen Yoga ausgegangen, wie er vor 20 oder 30 Jahren bei uns noch die Regel war, inzwischen aber von der Entwicklung überholt worden ist. Es ist einfach nicht mehr möglich, im Westen angesichts der außerordentlichen Vielfalt von *dem* Yoga zu sprechen und ihn pauschal als „unchristlich" und gar „christentum-feindlich" abzulehnen.

Ist Yoga eine Religion? An dieser Frage scheiden sich die Geister. Die allermeisten Yoga-Lehrer werden hierzulande eine solche Frage rundheraus ablehnen. Sie haben damit recht. Ebenso recht haben aber auch diejenigen, die sie bejahen. Wie das? Ganz einfach: Beides stimmt. Es kommt darauf an, wie wir den Begriff „Religion" auslegen. Im allgemeinen sprechen wir von der „christlichen Religion", der „hinduistischen Religion", der „jüdischen Religion", der „islamischen Religion", der „buddhistischen Religion", um die wichtigsten zu nennen. In diesem Sinne verstanden, ist Yoga keine Religion. Es gibt aber noch eine andere Betrachtungsweise. Sie sagt: Es gibt nur eine einzige Religion, das andere sind „Konfessionen", also Bekenntnisse, Wege und Lehren, um „Religion" dem Menschen erfahrbar und erlebbar zu machen, die Beziehung zu seinem Schöpfer zu erklären und eine enge Verbindung zu ihm herzustellen.

In diesem Sinne ist Yoga nicht direkt eine Religion, wohl aber ein religiöser Weg, denn er hat nichts anderes zum Ziel, als den Menschen „an Gott anzubinden". „Religion" wird etymologisch wohl abgeleitet vom lateinischen „religare", was so viel bedeutet wie „zurückbinden auf", „anbinden". Das Wort Yoga leitet sich ab von yui, was „anbinden" heißt. Die direkte Beziehung zu „religare" wird deutlich. Es muß aber auch auf die Doppelbedeutung dieses Yuj hingewiesen werden. Ochsen und Pferde werden vor einen Wagen gebunden. Aus dem Wort „yui" kleingeschrieben wird das Joch-„Yui" großgeschrieben. Dadurch werden die Tiere gezähmt und beherrscht. Yoga zielt darauf ab, den Körper und den „Geist" zu zähmen, zu beherrschen, ihn zu disziplinieren, um ihn dadurch zu einem Werkzeug im Dienste des Höchsten zu machen. Yoga ist also in einer doppelten Bedeutung zu verstehen: Beherrschen und Vereinigen.

Anjochen, anschirren, anbinden – welch plastische Worte für den Christen! Verstehen wir sie doch als anschirren *an* und verbinden *mit* dem Höchsten, mit dem Meister aller Meister, Jesus Christus, mit Gott. In diesem Sinne verstanden, wird Yoga zu einer wertvollen Hilfe, den Weg zu finden, der uns zum Sinn unseres Daseins zurückführt und nach dem so unendlich viele Menschen suchen. Denn ohne diesen tiefen Sinn wird unser Leben sinn-los.

Der evangelische Pfarrer Dr. Albrecht Frenz, ein Yoga-Kenner ersten Ranges und Verfasser des Buches „Christlicher Yoga", stellt Yoga als eine Schale dar, die mit den verschiedensten Inhalten gefüllt werden kann. Der Hindu füllt sie mit seiner Religiosität, der Buddhist mit der Lehre des Buddha, der Muslim mit Inhalten des Koran, der Jude mit seinem jüdischen Glauben. Der Christ bringt die Lehren der Bibel und seine Nachfolge Jesu Christi ein. Das Beispiel der Schale, das hier für den Yoga verwendet wird, ist ein überaus bildhaftes Beispiel für die Symbolik unseres Übens: Die Schale als Gefäß ist leer, um zu empfangen. Sie ist bereitet, das Empfangene zu bewahren. Sie hat den Zweck, das Empfangene weiterzugeben.

## *Kritik am Yoga*

Wir kommen nun zu den hauptsächlichsten Argumenten der Kritiker am Yoga:
1. Der Christ braucht keinen Yoga. Für ihn ist allein Jesus Christus der Weg, die Wahrheit und das Leben. Niemand kommt zum Vater, denn durch ihn. Yoga führt von Christus weg, er will die Nachfolge seines Weges ersetzen durch Techniken und Methoden, welche aus dem Osten und seinen nicht-christlichen „Religionen" entlehnt worden sind. Jesus aber sagte unzweideutig: „Wer nicht für mich ist, der ist wider mich." Hieraus ergibt sich eine eindeutige Ablehnung nicht nur des Yoga, sondern aller ähnlichen Praktiken.

Auf dieses Argument wird im Kapitel: *„Warum Yoga*

*für Christen?"* näher eingegangen. Es wurde an die erste Stelle der Gegen-Stimmen gesetzt, weil es mit am häufigsten verwendet wird und vom Inhalt her durchaus seine Berechtigung haben kann.

2. Yoga entfremdet vom christlichen Glauben, indem er den Übenden, der sich auch nur auf die körperlichen Übungen einläßt, dennoch mit den nichtchristlichen Inhalten der östlichen Religionen bekannt macht und dadurch den Boden für Zweifel und Irrtümer bereitet. Vor allem suchende Menschen werden so auf Bahnen gelenkt, die verhängnisvoll sein können, weil sie von der Wahrheit wegführen und zu dem Irrtum verleiten, daß die Erlösung aus eigener Kraft möglich sei.

Es ist richtig, daß durch das Üben des Yoga das Interesse für andere religiöse Wege geweckt wird. In dieser Hinsicht entfalten die Haltungen, die wir bei den Übungen einnehmen, eine eigentümliche Eigendynamik, die schwer oder auch gar nicht zu erklären ist, es sei denn, sie wird auf das freiere Fließen des Atems und der Körperenergien zurückgeführt, wie manche Yoga-Kenner meinen und was vermutlich richtig ist. Es kommt ganz einfach einiges in uns „in Bewegung", und es lösen sich, wie in den folgenden Kapiteln, besonders bei der Beschreibung der einzelnen Übungen, ihren Wirkungen und ihrer „inneren Begleitung" dargestellt wird, Blockaden und Barrieren, die gerade auch den jedem Menschen angeborenen Drang nach religiösem Suchen und Erfahren hemmen.

Es ist ebenso richtig, daß dieses Interesse durchaus sich nicht-christlichen Religionsformen zuwenden kann. Doch hier weichen die Meinungen und Wertungen stark voneinander ab. Was die einen als „verhängnisvoll" betrachten, hat für die anderen sehr positive Aspekte. Ich zitiere wörtlich aus den „Verlautbarungen des Apostolischen Stuhles" Nummer 95 vom Oktober 1989. Darin ist das Schreiben der römischen „Kongregation für die

Glaubenslehre" enthalten, welches an die Bischöfe der katholischen Kirche über einige Aspekte der christlichen Meditation unter besonderer Berücksichtigung östlicher Meditations- und Übungsformen gerichtet wurde. Darin wird unter „Fragen der Methode" ausgeführt:
„Der größere Teil der Hochreligionen, welche die Vereinigung mit Gott im Gebet gesucht haben, hat auch die Wege bezeichnet, wie man dahin gelangt. Da ‚die Kirche nichts von alledem ablehnt, was in diesen Religionen wahr und heilig ist', darf man diese Hinweise nicht von vornherein als unchristlich verachten. Man kann im Gegenteil das Nützliche aufgreifen, wenn man dabei nicht die christliche Auffassung vom Gebet, seine Logik und seine Erfordernisse übersieht . . ." In dem Schreiben wird vor allem nachdrücklich vor einigen Fehlformen solcher Praktiken gewarnt, so etwa dem Versuch, den Abstand zu überwinden, den das Geschöpf von seinem Schöpfer trennt, sowie den Irrtum, oft physisch bedingte Phänomene wie Licht- oder Wärmegefühle als „höhere Erkenntnisse", „göttliche Erfahrungen" oder gar „Erleuchtung" zu interpretieren. Daß hier erhebliche Gefahren lauern, ist jedem, der auf diesem Gebiet tätig ist, nur zu gut bekannt. Jedes Üben, bei dem Körper, Seele und Geist als Eines eingebracht werden und zusammenklingen, muß „im eigentlichen Sinne den Charakter eines persönlichen, intimen und tiefen Gespräches zwischen Mensch und Gott" annehmen.
Es ist kein Geheimnis, daß seit altersher bewährte und in nahezu allen Kulturkreisen bekannte und praktizierte Gebetsarten im Osten sehr viel lebendiger bewahrt worden sind, als dies im Westen der Fall war. Vieles Bewährte ist bei uns im Laufe der Jahrhunderte verschüttet worden und in Vergessenheit geraten, von wenigen Ausnahmen abgesehen. Zu ihnen zählt etwa das „Jesus"-Gebet, wie es von den Mönchen des Berges Athos über die Jahrhunderte hinweg bis heute geübt wird. Darauf wird in dem Kapitel über Meditation noch eingegangen.

Daß Haltungen des Körpers erheblichen Einfluß auf die Sammlung und Bereitschaft des Geistes zum Gebet ausüben, ist unbestritten. Jedermann vermag entsprechende Erfahrungen zu machen. Dazu wird in den bereits erwähnten „Verlautbarungen" bemerkt: „Im Gebet muß der ganze Mensch zu Gott in Beziehung treten, also auch sein Leib, der die zur Sammlung geeignetste Stellung einnehmen muß. Die Haltung kann symbolhaft das Gebet selber zum Ausdruck bringen und je nach der Kultur und dem persönlichen Empfinden verschieden sein. In einigen Gebieten werden die Christen heute mehr dessen bewußt, wieviel die Haltung des Körpers beim Beten helfen kann..." Zugleich wird jedoch, und das mit vollem Recht, auf die Gefahr eines Körperkultes hingewiesen, der das Üben von Körperhaltungen zum absoluten Selbstzweck erhebt und geradezu in eine Suchtsituation führen kann. Solche Menschen bilden sich oft genug viel darauf ein, daß sie durch ihr Üben frei von Fixierungen geworden seien, und übersehen dabei, daß sie lediglich eine Fixierung gegen eine andere eingetauscht haben.

Zurück zur „Gefahr" des Kontaktes mit anderen Religionsarten: Die Kritiker sollten in dieser Hinsicht dem Christentum mehr Kraft zutrauen. Es gibt Inhalte in jenen religiösen Formen und Praktiken, die uns einiges zu sagen haben, zum Beispiel gerade das Miteinbeziehen des Körpers und der Gestik, im indischen Sanskrit als „Mudras" bezeichnet, ins übende Gebet. Solche „Gesten" sind ja in der christlichen Kirche, vor allem in den katholischen Gotteshäusern, sehr wohl bekannt. Leider werden sie immer mehr vernachlässigt und dort, wo sie noch zum sogenannten Ritual gehören, nicht selten recht schlampig ausgeführt. Erinnert sei an die wunderschöne Geste der Konzelebranten während der heiligen Eucharistie, wenn sie die Hände hinweisend zum Leib Christi in der Gestalt des Brotes und zum erhobenen Kelch erheben. Immer öfter muß man feststellen, daß diese Geste entweder ganz

unterlassen oder nur noch „angedeutet" wird. Auch das ehrfürchtige Knien wurde unter dem Einfluß von Menschen, welche die Bedeutung einer solchen verehrenden Haltung nicht mehr kennen, erheblich reduziert, in der evangelischen Kirche ja noch nie praktiziert. Solche Beispiele gibt es noch mehrere.
Ich kenne Menschen jeden Alters, und darunter sind auch Priester, die offen bekennen, daß sie erst über den „Umweg" über östliche Religionen ihr eigentliches Christentum gefunden haben. Darunter sind Suchende, die ursprünglich vom christlichen Glauben entweder völlig unberührt oder ihm total entfremdet waren, ihn sogar entschieden und aus Überzeugung ablehnten. Die Gründe dafür sind vielfältiger Natur. Oft gründen sie in der frühesten Jugend und der Erziehung, bei der Zwang und Unterordnung das verständnisvolle Hinführen und -leiten ersetzten. Mancher Priester und ebenso evangelische Geistliche, die sich aus einer tiefen Frustration heraus dem Osten zuwandten, erhielten hier ganz neue Impulse für ihren Glauben, dessen Tiefen sie erst zu erkennen vermochten durch die Begegnung mit anderen Formen und Inhalten religiöser Verehrung. Wenn ich vorhin das Wort „Umweg" in Anführungszeichen setzte, dann geschah dies bewußt aus dem Grund, weil es im menschlichen Leben wohl keine Umwege gibt. Es sind alles Wege, die zu unserer Entwicklung und Reifung notwendig sind und auf die wir geführt werden. Wenn wir unsere Führung immer wieder neu Gott anvertrauen, dann vermögen wir ohnehin nicht mehr von „Um"- oder „Irrwegen" zu sprechen. Wir werden *die* Wege geführt, die jeweils für uns richtig sind, und wir dürfen darauf bauen, auch in unserem klaren Unterscheidungsvermögen gestärkt zu werden.
Es kommt noch ein anderes hinzu: Dieser und jener Weg mag noch so verlockend für uns erscheinen, mag uns faszinieren, durch seine Neuartigkeit und offensichtliche

Wirksamkeit überzeugen; unsere eigenen Wurzeln gründen im christlichen „Boden", und sie wurzeln sehr tief.

3. Nun kommen wir zum dritten Argument, und es ist die Hauptwaffe der Yoga-Gegner. Das Reizwort heißt „Selbsterlösung".

Yoga, so sagen sie, ist *der* Weg zur Selbsterlösung, und etwas davon klang ja deutlich bei der Beschreibung der Herkunft des Yoga an. Der östliche Mensch tut alles, oder sollte es seinen religiösen Lehren nach tun, um aus dem ewigen Kreislauf von Geburt und Tod und neuer Geburt „auszusteigen" und mit dem „Göttlichen" eins zu werden bzw., sofern er Buddhist ist, ins „Nirwana" einzugehen. Um das zu erreichen, praktiziert er die verschiedensten Wege und Techniken, kasteit sich, sondert sich von der Umwelt ab, lebt als Mönch oder Eremit und so weiter. Sein Bestreben ist, alles zu tun, um Erlösung zu erfahren. Dies wird „Selbsterlösung" genannt.

Es ist kein Zweifel möglich: Selbsterlösung ist, so verstanden, absolut nichtchristlich, und niemand, der sich auch nur andeutungsweise als Christ empfindet, wird einen Weg wählen, der die „Selbsterlösung" propagiert. Denn er weiß, daß es sie nicht gibt. Wir kennen auch noch andere Begriffe, die mit diesem „Selbst" in unmittelbarem Zusammenhang stehen. Der bekannteste ist die „Selbstverwirklichung", die ja in unserer Zeit geradezu zu einem Schlagwort geworden ist. Es rührt aus dem völlig irrigen Verständnis dieses Begriffes her, daß etwa aus „Selbstverwirklichungs"-Seminaren und -trainingsprogrammen durch und durch egoistisch-egozentrische Menschen auf ihre Umwelt losgelassen werden, die nur noch eines im Kopf haben, nämlich sich selbst zu verwirklichen, sich durchzusetzen mit allen Mitteln und gegen alle Widerstände.

Daß sie es alsbald mit ihren Mitmenschen verderben,

überall auf Ablehnung und Widerstand stoßen, ergibt sich „von selbst", gewissermaßen als „Selbstverständlichkeit". Wir sollten mit diesem Wort behutsamer umgehen. Wir wollen den Begriff „Selbst" einmal etwas genauer untersuchen, einen Blick „hinter die Buchstaben" werfen und dadurch in die Bedeutung des Begriffes „Selbst" einzudringen versuchen. In unserer Alltagssprache und unserem Alltagsbewußtsein verstehen wir unter diesem „Selbst" unsere Person mit allen ihren Wünschen, Sehnsüchten, Nöten, Hemmungen, aber auch Vorzügen, Begabungen, eben unser ganzes So-Sein. Aber es gibt nicht nur unser Alltagsbewußtsein, das wird in unseren Tagen immer mehr Menschen klar. Gott hat uns mit sehr viel mehr Fähigkeiten und seelischen Inhalten ausgestattet, als wir ahnten und wohl weiterhin ahnen. Natürlich gab es zu allen Zeiten Menschen, deren Bewußtsein weit über das der „großen Masse" hinausreichte. Die großen Propheten sprachen wohl kaum aus ihrem Alltagsbewußtsein heraus, sie waren begnadet, sahen tiefer und höher. Die Jünger Jesu handelten ganz sicher nicht allein aus ihrem alltäglichen Bewußtsein heraus, als sie die Lehren ihres Meisters in die Welt trugen und damit Verfolgung, Folter und Tod auf sich zogen. Ganz sicher wären sie nicht aus ihrem Alltagsbewußtsein heraus Märtyrer geworden. Der „Heilige Geist" hatte sie erfüllt.
Jeder Mensch hat mindestens zwei Bewußtseins-Ebenen, die mehr oder weniger stark entwickelt sind: Einmal die vordergründige und sodann die hintergründige, die „höhere" oder „tiefere" oder wie immer wir das auszudrücken versuchen. Von dieser zweiten Bewußtseins-Ebene aus sieht vieles sehr viel anders aus, ja, zuweilen gerade entgegengesetzt. Es ist *die* Bewußtseins-Ebene, die vom Glauben angesprochen wird und aus der heraus die Glaubenswahrheiten als solche erkannt werden. Der Mensch, der nur von der einen Ebene seines Bewußtseins ausgeht, eben von der seines Alltags, erklärt ja erwiese-

nermaßen solche Wahrheiten schlichtweg als „absurd", als „Märchen", als Kindergeschichten", weil er sie nicht von einer anderen Ebene her verstehen kann. Von dieser Ebene aus betrachtet, gewinnt der Begriff des „Selbst" eine andere Bedeutung. Er steht für das Göttliche in uns, den „Anteil Gottes" im Menschen, das „göttliche Fünklein" nach Meister Eckart, das göttliche Bewußtsein, das in jedem Menschen stärker oder schwächer ausgeprägt ist. Dieses „Selbst" soll befreit, erlöst werden aus dem Gefängnis unseres Alltagsdenkens, aus dem „Alten Adam". Dann geschieht „Selbst-Verwirklichung", wir verwirklichen das göttliche Selbst in uns und in unserem ganzen Leben.
Darum geht es bei unserem Üben, bei unserem Beten, bei unserem Meditieren, die alle ineinander übergehen und uns in unserer Tiefe und Ganzheit erfassen. Darum geht es beim vielzitierten „Loslassen", um das Sich-Lösen von den Stricken und Banden unseres niedrigen Bewußtseins, mit dem wir zwar unseren Alltag so einigermaßen zu bewältigen verstehen, das uns aber in seelisch-geistiger Beziehung nicht weiterbringt, uns nicht hinter den Schleier des Vordergründigen schauen läßt, das den göttlichen Anteil in uns blockiert, weil wir erfüllt sind von Alltäglichkeiten und Nebensächlichkeiten. Ein großer griechischer Weiser war es, der sagte: „Das ganze Unglück des Menschen beruht darauf, daß er das Unwesentliche für wesentlich, das Wesentliche aber für unwesentlich hält." Unsere Seele zu reinigen, damit sie durchlässig wird für den Geist Gottes in uns, für den „Vater-Geist" und den „Sohnes-Geist" in uns, ist Sinn und Ziel der Übungen, die in diesem Buch beschrieben werden. Dann kann es sein, daß wir irgendwann „Erleuchtung" erfahren, allerdings nicht durch stundenlanges, tagelanges und wochenlanges Sitzen, nicht durch Askese oder gar Prügel. Welch ein Irrtum! Diese „Erleuchtung" muß reifen und wachsen wie ein Pflänzlein, wir können nur den Boden

dafür bereiten, oder, wie es Pater Lassalle ausdrückt: „Wir müssen uns schon auf die Zehenballen stellen und unsere Hand weit nach oben strecken, damit Gott sie von oben fassen kann!" Das Unsere müssen wir dazu tun. Was dann geschieht, ist Gnade, ein Geschenk.
Es ist eine Eigenheit des Menschen, daß er an einer einmal gefaßten Meinung festhält und nicht gerne zugibt, daß er sich geirrt habe. Als ich vor mehr als 20 Jahren über Yoga las, lehnte ich ihn spontan ab. Ich hatte auch nicht im geringsten die Absicht, mich auf ihn einzulassen. Fast gewaltsam wurde ich in einer schweren Lebenskrise von meiner Frau in eine Yoga-Schule geschleppt. Dort blieb ich viele Jahre lang und mußte alsbald zugeben, daß ich dieses Übungssystem aus purem Nichtwissen heraus fast „verteufelt" hatte. Doch die eigenen Erfahrungen und die vieler anderer Übenden zwangen mich dazu, meinen Irrtum einzusehen und auch einzugestehen.
Kritik muß sein, und sie kann dem Yoga bei seiner weiteren Entwicklung sehr viel helfen. Denn Yoga entwickelt sich weiter, wie alles, was Leben in sich hat. Nur eine Leiche kann sich nicht mehr entwickeln, sie zerfällt und verwest, weil das „Wesen", Gott in ihr, sie verlassen hat.
Viele Anwürfe und Angriffe, die gegen Yoga vorgebracht werden, sind oft keineswegs aus der Luft gegriffen, sondern fußen auf Beobachtungen und leider auch nicht selten auf betrüblichen Tatsachen. Aber auch beim Yoga darf nicht aus Fehlentwicklungen und Absonderlichkeiten, die es ganz sicher gibt, auf *den* Yoga ganz allgemein geschlossen werden. Etliche solche Anwürfe, auch wenn sie durchaus gute Argumente zum Hintergrund haben, sind aber durch die Entwicklung des Yoga in den vergangenen Jahren überholt. Ich bekomme immer wieder Briefe von Kritikern. Leider mußte ich dabei feststellen, daß etliche davon zwar den fast wörtlich gleichen Inhalt hatten, aber jeweils in einer anderen Handschrift verfaßt waren. Eine höchst merkwürdige Häufung ableh-

nender Übereinstimmung und Schriftzüge! Ich antwortete mit einem Hinweis, daß ich mich auf einen weiteren Meinungsaustausch freuen würde. In keinem einzigen Fall habe ich auf solche Briefe eine Antwort bekommen!

## Warum Yoga für Christen?

Aus dem Vorangegangenen ist die Frage, warum Yoga für Christen nicht nur geeignet ist, sondern mit gutem Gewissen empfohlen werden kann, leicht zu beantworten, besonders, wenn die letzte Bemerkung des Abschnittes über Herkunft und Entwicklung des Yoga noch einmal in Erinnerung gerufen wird: Menschen kommen deshalb zunehmend zum Yoga, weil sie eine neue Sinnhaftigkeit in ihrem Leben suchen. Es ist dies ja das Hauptproblem sehr, sehr vieler Menschen und die Ursache all der vielen psychischen und eine Folge physischer Störungen, daß sie den Sinn in ihrem Leben nicht erkennen können oder verloren haben. Sinnlosigkeit aber „verhindert die Fülle des Lebens und bedeutet darum Krankheit. Sinn dagegen macht vieles, vielleicht alles, ertragbar" (C. G. Jung).

Hier wird nun eingewendet werden, daß ein wirklicher Christ von solchen Anfechtungen nicht berührt werde, da er ja um den Sinn seines Lebens wisse durch das Geschehen von Golgatha und seine Nachfolge Jesu Christi. „Wer sich ganz an Jesus Christus ausliefert, braucht keinen Yoga!" Ich wiederhole dieses Argument mit Nachdruck, denn es ist absolut korrekt. Nicht korrekt ist lediglich, wenn man behaupten wollte, daß alle, die sich Christen nennen, auch wirklich solche sind. Es braucht nicht betont zu werden, daß daran erhebliche Zweifel erlaubt sind. Unser Leben ist nicht ein Sein, sondern ein Werden, wie es Martin Luther formulierte, und ebenso verhält es sich mit unserer religiösen Entwicklung. Wir sind niemals fertig, wir sind alle miteinander auf dem Wege. Auf diesem Wege gibt es viele Steinbrocken,

Fallstricke, Gruben und Abgründe, es gibt viele Anfechtungen und Zweifel, zahllose Enttäuschungen und Rückschläge. Wohl dem, der seinem Weg und seinem Glauben durch all diese Fährnisse treu bleibt.

Wohl dem, der überhaupt einen Glauben hat und einen Weg finden durfte, der für ihn gangbar ist. Wie viele ratlos umherirren, einmal in die eine, dann in die andere Richtung gehen und schließlich in einer großen Verwirrung verharren, weiß niemand. Solche Menschen sind häufig dermaßen frustriert, daß sie nicht auf den Gedanken kommen, oder einen solchen, wird er ihnen nachgebracht, entschieden zurückweisen, die Schwelle einer Kirche auch nur mit dem Fuß zu berühren, geschweige sie zu überschreiten. Oft sitzt die Abneigung gegen alles „Religiöse" so tief, daß allein schon bei diesem Wort ein „Rolladen herunterfällt".

Es muß nicht sein, aber es kann doch sein, und die Erfahrung beweist, daß es so ist, daß gerade solche Menschen sehr wohl den Yoga-Unterricht besuchen, der von einer Kirchengemeinde angeboten wird. Ich habe verschiedentlich Sätze gehört wie: „Es ist wunderschön, daß so etwas (gemeint waren eben Yoga und Meditation) gerade von der Kirche veranstaltet wird", oder: „Wenn die Kirche der Veranstalter ist, dann kann man wohl schon hingehen; das ist immerhin seriös..."

Was erwarten solche Suchenden? Ganz sicher nicht „Bekehrung" oder „Missionierung". Damit würden sie sofort verschreckt, und eine gute Chance, sie nach und nach an einen neuen Sinn heranzuführen, wäre vielleicht ein für allemal vertan. Als ich an einem Arbeitskreis evangelischer Geistlicher teilnahm, welche die Möglichkeiten besprachen, Yoga und Meditation stärker in die kirchliche Arbeit zu integrieren, wurden auch verschiedene Arten vorgestellt, wie das geschehen könnte. Im Anschluß an eine dieser Demonstrationen körperlicher Übungen mit innerer Begleitung sagte einer der Pfarrer: „Warum muß denn allem gleich der Stempel ‚christlich' aufgedrückt werden? Damit verprellen wir doch die meisten." Er hatte recht; es kommt sehr darauf an, *wer* an solchen Übungen teilnimmt. So ist es, zumindest meiner eigenen Erfahrung gemäß, sehr viel sinnvoller, allgemeinen Gruppen eine Art „wertfreien" Yoga anzubieten, der deshalb aber nicht, wie schon erwähnt, zugleich „sinnfrei" ist. Dabei sollte auf keinen Fall nach dem Prinzip „Was darf's denn heute sein?" verfahren werden, vielmehr ist es wichtig, eine Grundkonzeption des Ablaufes jeder Stunde zu erarbeiten und an diesem Muster festzuhalten. Wir halten es so, daß vor jeder Stunde ein höchstens 5minütiger Text frei gesprochen wird, in dem wir ein Thema behandeln, das zuvor durch ein Zitat angesprochen wird. Es kann sich dabei um Bibelzitate, um Aussprüche gläubiger Menschen aus der Vergangenheit und der Gegenwart, um solche allgemein anerkannter Frauen und Männer u. ä. handeln. Sehr gerne verwenden wir Zitate etwa von Mutter Teresa, Dag Hammarskjöld, Dietrich Bonhoeffer, Meister Ekkart, Teresa von Avila, Martin Luther, Angelus Silesius und vieler anderer. Dieses Zitat finden die Teilnehmer auf jedem Übungsblatt, das ihnen zum Schluß der Stunde mitgegeben wird. Immer wieder ist zu hören: „Dieser Text hat mich heute besonders angesprochen...", „Heute sagten sie etwas, was genau mein Problem berührt...", oder: „Wir sprachen zu Hause lange über das, was wir gestern hörten. Könnten wir uns darüber bei Gelegenheit ausführlicher unterhalten?"

Yoga in dieser Form geübt, läßt die Teilnehmer nicht „im Regen stehen". Freilich stellt dies an die Übungsleiter manche Ansprüche, die über den Rahmen des reinen Yoga-Unterrichts oft erheblich hinausgehen, denen sie sich aber stellen müssen.

Es kommt nicht nur auf eine Methode an, darauf, wie sie dargeboten wird, welche Inhalte angeboten werden, sondern sehr entscheidend auch auf diejenigen, die diese Methode weitergeben. Es sind nicht wenige, die den „großen Meister" suchen, der sie an der Hand nimmt und durch die

Fährnisse des Lebens führt, sie vor allen Gefahren abschirmt. Den gibt es nicht, das sollte immer wieder ganz deutlich gesagt werden. Sie suchen im Äußeren, was sie nur in ihrem Innersten finden, denn „das Himmelreich ist inwendig in euch", wie Jesus Christus sagt. Das ist der große und tragische Irrtum so vieler Menschen, daß sie lebenslang auf der Suche nach einem solchen „Meister" sind und immer und immer wieder enttäuscht werden, bis sie schließlich zu dem Ergebnis kommen, daß doch alles „Schwindel" sei. Sie haben damit nicht unrecht, denn sie könnten noch so lange suchen und den ganzen Himalaya bis in den entlegensten Winkel hinein durchforschen, ohne das zu finden, was sie sich erhoffen, den „Meister aller Meister", weit entrückt von allem Menschlichen, das sich immer wieder als das Allzu-Menschliche erweist. Erst wenn sie erkannt haben, daß sie sich zu *dem* wenden müssen, der ihnen den Weg zum „Vater" weist, der uns zugesagt hat, bis zum Ende aller Tage bei uns zu sein, wird ihr Suchen ein Ende finden, wird die Frage nach der Sinnhaftigkeit beantwortet werden. Wichtig ist nur, daß wir uns dafür öffnen, uns darauf einlassen, suchen, gewiß, bitten, auf jeden Fall, anklopfen, immer und immer wieder. Dann wird uns geöffnet werden, und dann können wir aus tiefstem Herzen heraus JA sagen.

So wendet sich dieses Buch einmal an alle jene, die, vielleicht noch zögernd, unbewußt, suchen, die anklopfen, zaghaft, voll Zweifel. Es will ihnen einige Gedanken vermitteln, Anregungen geben, einladen, es mit einem Versuch zu wagen. Es wendet sich aber ebenso an solche, die ganz für sich im „stillen Kämmerlein" vertiefte Gebetserfahrungen suchen, die sich wirklich ganz in das Üben und das Beten einbringen wollen. Es will zudem Menschen, die Yoga weitergeben, einige Impulse vermitteln und sie zu eigenen Versuchen inspirieren. Es will ebenso allen, die mit der Frage nach Yoga konfrontiert werden, ein wenig Hilfe anbieten. Sich bewußter als bisher, weil auf Grund eigenster Erfahrung, als Gottes Geschöpf zu erfahren – dies ist das eigentliche Anliegen dieses Buches, und aus diesem Grund wurde es geschrieben: für Christen, die sich als solche fühlen, für andere, die sich dafür halten, und schließlich und nicht zuletzt für die vielen, die zwar formell so heißen, die aber selbst nicht wissen, ob sie auch solche sind.

# Ehe wir mit Üben beginnen

*Wie sollen wir üben?*

Als ich nach den ersten paar Stunden meinem Lehrer diese Frage stellte, erwartete ich eine tiefschürfende Antwort. Statt dessen sagte er nur fünf Worte: „Breiten Sie Ihre Decke aus!" Das war alles, und es enttäuschte mich sehr. Was sollte ich damit anfangen? Nun, ich merkte bald, daß ich damit sehr viel anzufangen vermochte. Ist doch der erste Schritt stets der wichtigste. Wenn *er* einmal getan ist, folgen die nächsten Schritte von selbst. Aber auf den allerersten Schritt kommt es an.

Es kommt darauf an, *daß* wir üben! Dazu bedarf es eines Entschlusses und zu seiner Ausführung einer gewissen Überwindung.

Wir müssen der Reihe nach vorgehen. Wenn wir uns entschlossen haben zu üben (und das bedeutet: regelmäßig üben!), so ergibt sich die nächste Frage: Wann ist es am besten? Nun, das muß jeder selbst herausfinden, denn die häuslichen Bedingungen sind oft recht unterschiedlich. Wer allein lebt, hat es in dieser Hinsicht sehr viel leichter. Er braucht sich nach niemandem zu richten, muß auf andere nicht Rücksicht nehmen (die Yoga-Übungen sind ja eine sehr stille Sache und stören nicht eventuelle Mitbewohner), er kann sich seine Zeit nach eigenem Belieben einrichten. Wann immer es sich einrichten läßt, empfehlen sich die frühen Morgenstunden. Früh am Morgen ist es überall noch still. Niemand wird uns in unseren Übungen stören, die

Türklingel läutet nicht, das Telefon bleibt stumm, der Verkehrslärm ist noch nicht erwacht. Sind aber wir selbst wach? Wach genug, um unsere Decke auszubreiten?

Anfangs wird es nicht leichtfallen – oder vielleicht gerade zu Anfang! Denn da gehen wir mit Schwung an unsere Übungen heran, versprechen uns einiges von ihnen, und die anfängliche Begeisterung beflügelt den Geist und den Körper. Nützen wir diesen Anfangsschwung aus! Wenn wir uns erst einmal ans tägliche Üben gewöhnt haben, wartet unser Körper darauf, wir kommen in einen Rhythmus, der unserem ganzen Menschen sehr wohl tut.

In den frühen Morgen hinein zu üben, ist ein wundervoller Start in den Tag. In nenne meine tägliche Übungszeit gerne „die gesegnete Stunde". Sie verleiht mir, in Verbindung mit dem morgendlichen Gebet und der Besinnung, viel Kraft und Zuversicht und erfüllt den gesamten Organismus mit neuer Energie. Ein Tag, an dem die Übungen am Morgen einmal ausfallen, aus welchen Gründen auch immer, unterscheidet sich sehr von allen anderen. Er ist einfach nicht „so", wie er sein sollte. An dieser Stelle kommt vielleicht ein Einwand: Machen wir uns da nicht abhängig?

Diese Frage ist berechtigt. Gut, vielleicht machen wir uns in dieser Beziehung ein wenig abhängig. Aber sind wir denn nicht alle von irgend etwas abhängig? Sind wir weniger abhängig, wenn wir statt des Übens im Bett bleiben und faul vor uns hin dösen? Wir können eine weniger gute Abhängigkeit ersetzen durch eine, die uns wohl bekommt.

Aber auch am Abend zu üben, ist sehr zu empfehlen. Doch dann bitte vor dem Abendessen und nicht unmittelbar vor dem Schlafen. Damit können wir sonst unter Umständen Schwierigkeiten haben. Die Übungen regen den Kreislauf an und machen uns munter. Auf der anderen Seite kenne ich eine ganze Anzahl von Menschen, denen einige Übungen kurz vor der Nachtruhe recht gut bekommen. Jeder reagiert ein wenig anders. Man muß herausfinden, was richtig ist und was nicht. Wer irgendwann am Nachmittag eine ruhige Zeit für seine Übungen findet, kann natürlich dann üben. Das Mittagessen sollte jedoch mindestens eineinhalb Stunden zurückliegen und der Nachmittagskaffee noch nicht genossen sein.

Wer am Morgen übt, beachte bitte, daß er *vor* den Übungen duscht und nicht hinterher. Durch eine heiß-kalte Wechsel-Dusche wird der Körper gut durchblutet und elastisch. Das kommt uns bei unseren Übungen sehr zugute. Zudem wird nicht, wie es bei einer Dusche nach den Übungen der Fall ist, Blut, das vermehrt in die Organe geströmt ist, wieder an die Peripherie des Körpers gezogen. Yoga-Übungen werden gelegentlich als „Organ-Gymnastik" bezeichnet. Kein sehr schönes Wort, trotzdem trifft es durchaus gewisse Wirkungen, und eine davon, und nicht die unwichtigste, ist die bessere Durchblutung der inneren Organe. Wenn unser Körper durch die Dusche bereits etwas gelenkiger geworden ist, ist auch die Gefahr nicht groß, daß wir uns durch ein allzu forciertes Üben (was ohnehin vermieden werden sollte!) Schaden durch Zerrung oder Überdehnung zufügen. Manche Übung gelingt sehr leicht, wenn der Körper schon ein wenig erwärmt und gedehnt ist, zum Beispiel Rückwärts- und Vorwärtsbeugen sowie Umkehrhaltungen, die wir aber erst an den Schluß einer Übungsreihe setzen.

Wenn wir uns auf unserer Decke oder Matte niedergelassen haben, sammeln wir uns zuerst mit einer Besinnung. Darüber ist noch einiges zu sagen. Hier sollen nur ein paar kurze grundsätzliche Hinweise Ihnen helfen, Ihre Übungszeit wirklich nutzbringend auszufüllen.

Einer der wichtigsten Grundsätze lautet: *Tun Sie eins nach dem andern!* Dies ist eigentlich die wichtigste Regel, und zwar nicht nur für unsere Yogaübungen, vielmehr ebenso für unseren Alltag, für alles, was wir tun. Leider neigen wir dazu, diesen Grundsatz häufig sträflich zu mißachten, und die Folge ist, daß uns manches nicht so gelingt, wie es sein sollte und könnte. Wir tun *dies*, und sind mit den Gedanken schon beim *nächsten*. Wir sagen: „Ach, hätte ich doch vier Hände, statt nur zwei!" Es ist gut und richtig, daß wir nur zwei haben. Und wir haben auch nur einen Kopf. Wir sollten alle unsere Gedanken auf *die* Arbeit konzentrieren, die wir gerade vor uns haben. Dann wird sie uns auch gelingen. Nicht anders ist es, wenn wir üben. Ganz da sein in dem, was im Augenblick an der Reihe ist. „Das klingt einfach" werden manche sagen, „aber wie geschieht das in der Praxis?" Wir gehen schrittweise vor. Anhand eines Übungsbeispiels mag dies anschaulich werden. Wir üben die Baumhaltung (Sie finden sie später genau beschrieben).

*Zuerst* sammeln wir uns in der geraden Haltung. *Dann* öffnen wir die Augen und suchen uns einen Punkt, an dem wir uns mit den Augen festhalten. *Erst dann* verlagern wir das Gewicht des Körpers fühlbar auf den rechten Fuß. *Nun erst* heben wir das linke Bein und bringen den linken Fuß in seine Stellung. *Erst dann* heben wir die beiden Arme in die Höhe, und *zuletzt* legen wir die Handflächen zusammen und kreuzen die Daumen. Nach jedem einzelnen „Schritt" kommt ein kurzer Zwischenhalt. Auf die gleiche Weise kehren wir aus der Haltung zurück: *Zuerst* die Daumen lösen und die Arme sinken lassen. *Dann erst* den Fuß sinken lassen, bis beide Füße nebeneinander auf dem Boden stehen. *Dann* die Augen schließen. *Zuletzt* spürbar loslassen. Wir beachten auch, daß wir ebenso langsam, wie wir eine Haltung eingenommen haben, wieder aus der Haltung herausgehen. Wenn wir diese Regel nicht beachten, werden wir gerade bei einer Übung wie der Baumhaltung, also einer Gleichgewichts-Übung, recht schnell merken, daß wir unsicher werden und wieder von vorne beginnen müssen. Sie gelingt nur, wenn wir uns ganz ihr widmen, sie mit vollem Bewußtsein konzentriert ausführen. Und eine große Bitte: Wenden Sie das, was Ihnen Ihre Übungen sagen, auf Ihren Alltag an! Wir üben nicht zum Zeitvertreib, nicht als „Hobby". Wir üben für unser Leben, für das äußere wie für das innere. Daraus ergibt sich die andere wichtige Forderung: Achten Sie auf die „innere Begleitung", die jeder einzelnen Übungsbeschreibung ausführlich beigegeben ist. Natürlich handelt es sich dabei nur um einen Impuls, eine Anregung. Aber nehmen Sie sich Zeit! Nur dann haben Sie den optimalen Gewinn von Ihrem Üben.

Schließlich noch zwei Hinweise: Wenn Sie eine Dehnhaltung eingenommen haben, dann bleiben Sie mindestens fünf Atemzüge lang unbeweglich in dieser Stellung. Diese Haltungen bewirken eine Dehnung der Muskeln, die bei den meisten Menschen durch die sitzende Lebensweise und andere Faktoren verkürzt sind, was unsere Beweglichkeit oft stark (und fühlbar!) beeinträchtigt. Es ist eine der wertvollsten körperlichen Wirkungen der Yoga-Asanas, daß durch beharrliches und vernünftiges Üben, das heißt ohne falschen Ehrgeiz und ohne Gewalt, unsere Muskeln nach und nach wieder ihre Dehnfähigkeit zurückgewinnen. Doch erst nach etwa sieben Sekunden beginnt die Muskeldehnung. Je länger wir also in einer Stellung verweilen, desto besser ist die Wirkung. Wir spüren es selbst, wenn es für uns Zeit ist, zurückzukehren.

Und zweitens: Lassen Sie sich nicht nur für jede einzelne Übung Zeit, sondern ganz besonders für Ihre ganze Übungsreihe. Vermeiden Sie jeden Zeitdruck. Wenn Sie einmal weniger Zeit haben, dann beschränken Sie sich auf weniger Übungen. Sie sollten nie meinen, daß Sie unbedingt Ihre gewohnte Reihe durchüben müßten, und wenn die Zeit knapp ist, dann eben schneller. Das wäre ganz falsch. Yoga-Übungen sind eine wichtige Hilfe gegen den Streß. Sie dürfen nicht dazu führen, daß wir durch sie in einen neuen Streß hineingeraten. Das klingt sicher selbstverständlich. Aber gerade in dieser Hinsicht wird viel „gesündigt".

## Das richtige Stehen, Liegen und Sitzen

Zuletzt müssen Sie natürlich wissen, wie Sie richtig sitzen. Yoga-Übungen werden im Stehen, im Liegen und im Sitzen ausgeführt. Wie wir richtig stehen, wissen wir im allgemeinen selbst. Wichtig ist, daß das volle Gewicht auf den Fußsohlen liegt. Wir können das erspüren, indem wir das Gewicht einmal etwas mehr auf die Zehenballen und dann wieder auf die Fersen verlagern.

Schließlich verlegen wir das volle Gewicht gleichmäßig auf die ganzen Sohlen.

Das Liegen bereitet manchen Menschen schon etwas mehr Probleme, vor allem, wenn sie unter einem starken Hohlkreuz leiden. Achten wir darauf, daß wir unseren Kopf nicht nach hinten gleiten lassen, denn dadurch wird die Halswirbelsäule, vor allem aber auch die Schilddrüse strapaziert. Wenn wir uns auf den Rücken gelegt haben, ziehen wir also das Kinn ein wenig an, wobei wir auch die leichte Dehnung des Nackens spüren, und lassen dann wieder los. Jetzt hat unser Kopf die richtige Lage. Die Arme liegen locker neben dem Körper, wobei wir uns angewöhnen, die Handflächen nach oben zu halten. Das wird zu Beginn etwas ungewohnt sein, denn normalerweise legen wir die Handflächen auf den Boden. Aber bald merken wir, daß wir in den Schultern lockerer werden, wenn die Flächen der Hände nach oben schauen. Die Beine liegen leicht auseinander. Bei einem stärkeren Hohlkreuz können wir ein kleines, flaches Kissen oder eine zusammengelegte Decke unter die Oberschenkel legen. Dadurch kommt der tiefe Rücken fester am Boden zu liegen. Wenn wir trotzdem im tiefen Rücken ein Spannungsgefühl haben oder gar einen leichten Schmerz, dann beugen wir die Knie und ziehen die Fersen etwas zum Gesäß heran. Die Fußsohlen sind dann fest am Boden, und der Rücken wird fest an den Boden gedrückt.

Das Schwierigste ist für manche das Sitzen. Grundsätzlich gibt es zwei Sitzarten: mit gekreuzten Beinen oder im Fersensitz. Der Fersensitz ist einfach, wobei wir darauf achten, daß wir eigentlich mehr zwischen den Fersen als auf denselben sitzen. Also beide Fersen etwas nach außen drehen. Aus dieser Haltung heraus können wir praktisch alle die in diesem Buch beschriebenen Sitz-Übungen ausführen. Beim Sitzen mit gekreuzten Beinen unterscheiden wir zwischen dem Schneidersitz und dem Lotussitz, wobei es beim letzteren wiederum verschiedene Schwierigkeitsgrade gibt.

Der Schneidersitz ist einfach, jeder kann ihn einnehmen. Der Nachteil beruht darin, daß die Knie ziemlich steil nach oben stehen. Das erschwert einmal das Nachvornebeugen, und zum andern ist es kaum möglich, längere Zeit mit ganz geradem Rücken zu sitzen. Aus diesem Grund sollten wir versuchen, eine der Lotussitz-Arten zu lernen. Wir unterscheiden den halben und den vollen Lotussitz, dazu kommt der einfachere, sogenannte burmesische Sitz. Wir falten das rechte Bein, legen die rechte Fußsohle so nah wie möglich am Damm an die Innenseite des linken Oberschenkels, den linken Unterschenkel legen wir vor den rechten auf den Boden. Die Hände liegen locker an den Knien.

Im halben Lotussitz beugen wir das linke Bein, legen die linke Fußsohle an die Innenseite des rechten Oberschenkels und den rechten Fuß entweder auf den linken Unter- oder auf den linken Oberschenkel. Im vollen Lotussitz liegen beide Füße auf den entgegengesetzten Oberschenkeln, und zwar möglichst nahe der Leistenbeugen. Diese Haltung ist schwierig, und sie darf auf gar keinen Fall erzwungen werden. Die Beine müssen schon sehr gelenkig sein, und zudem ist es auch absolut unnötig, diesen Sitz zu können, selbst wenn zuweilen das Gegenteil behauptet wird. Immerhin – wer ihn kann, darf sich darüber freuen. In dieser Sitzhaltung erleben wir eine wunderbare Stabilität, und wir können, sofern wir sie wirklich beherrschen, darin lange und unbeweglich ganz gerade sitzen, was vor allem für die Meditation von Vorteil ist. Der volle Lotussitz wird auch als Buddha-

Sitz bezeichnet. Es ist aber bekannt, daß keineswegs der Buddha diese Sitzhaltung „erfunden" hat. Sie war schon lange vor ihm geläufig, und auch andere Kulturkreise als die fernöstlichen kannten ihn.

Es soll noch kurz auf die Frage eingegangen werden, warum wir überhaupt im Lotussitz üben sollen. Zuweilen wird gefragt: „Das ist uns doch fremd, und wir sind schließlich keine Inder. Wozu also auf dem Boden sitzen? Geht es nicht ebensogut auf einem Stuhl?"

Meditieren können wir ebensogut auf einem Stuhl, wenn auch die Sitzhaltungen am Boden sich besser bewährt haben. Versuchen Sie einmal, 20 Minuten oder eine halbe Stunde unbeweglich, nicht angelehnt und mit ganz geradem Rücken auf einem Stuhl zu sitzen, und dann wechseln Sie in eine der beschriebenen Haltungen auf dem Boden. Vorausgesetzt, Sie haben schon etwas „Boden-Erfahrung", werden Sie bald merken, daß diese Sitz-Arten ihre Berechtigung haben. Yoga-Übungen aber können Sie eben nicht auf Stühlen sitzend ausführen.

Vielleicht haben Sie davon gehört oder gelesen, daß es für einen Christen nicht gut sei, im Lotussitz zu meditieren. Wer dagegen ist, mag seine Gründe haben. Wer dafür ist, hat sie ebenso. Der Verfasser hat viele Sunden und Tage in christlichen Meditationshäusern im halben und im vollen Lotussitz meditiert, und er kennt niemand, dem das für seinen christlichen Glauben abträglich gewesen wäre. Ganz im Gegenteil. Führende Meditationslehrer, die zugleich Geistliche sind, empfehlen diese Sitzhaltung und praktizieren sie seit Jahrzehnten. Ich erwähne nur den Jesuitenpater und ZEN-Meister Hugo Enomiya Lassalle.

Aber noch einmal: Niemals mit Gewalt versuchen, eine dieser Sitzhaltungen zu erlernen! Die Folge könnten schmerzhafte und lang andauernde Überdehnungen und Zerrungen sein. Durch geduldiges Üben aber wird es uns mit der Zeit sicher gelingen, *die* Sitz-Form zu finden, die für uns die richtige ist.

# Die Haltungen und Übungen im einzelnen

*Die Übungsreihe auf einen Blick*

Besinnung
Erleben des Atems
Meditation

HA – Ausatmung

Halbmond

Demutshaltung

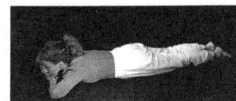 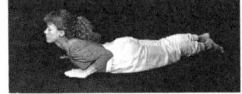
Kobra
(Schlangenhaltung)

## 44  Die Haltungen und Übungen im einzelnen

 Bogen

  Drehsitz

 Haltung des Helden

 Haltung des Baumes

 Haltung des Berges

 Kerze oder Flamme

 Haltung des Fisches

 Alle-Glieder-Haltung

 Entspannung

## Eine mittlere und eine kürzere Reihe

Die hier dargestellte Reihe nimmt etwa eine starke halbe bis dreiviertel Stunde in Anspruch. Sie sollten sich ja zwischen den einzelnen Stellungen eine kurze Entspannung gönnen, ehe Sie zur nächsten übergehen. Diese „Zwischenhalte" sind wichtig und notwendig, wie während des Tages immer wieder einmal eine kurze „Verschnaufpause" notwendig ist. Wir lassen los. Die Rückkehr in die Entspannung nach jeder einzelnen Übung ist mit der wichtigste Teil unseres ganzen Übens.

Sie sollten zwar alle die hier aufgeführten und genau beschriebenen Stellungen üben, bis sie Ihnen in Fleisch und Blut übergegangen sind. Doch werden Sie nicht immer genügend Zeit für die ganze Reihe haben. Deshalb sind im Folgenden eine mittlere und eine kürzere Reihe dargestellt. Sie bestehen aus Übungen, die alle auch in der ausführlichen Reihe enthalten sind. Sie sind jeweils so angeordnet, daß sie einen harmonischen und in sich geschlossenen Ablauf gewährleisten. Verzichtet werden sollte jedoch auf keinen Fall auf die einstimmende Besinnung und die Bewußtmachung des Atems sowie auf die Entspannung zumindest am Ende jeder Reihe, wenn Sie am Morgen, und zu Beginn der Übungen, wenn Sie am Abend Zeit finden.

46  Die Haltungen und Übungen im einzelnen

## Die mittlere Reihe

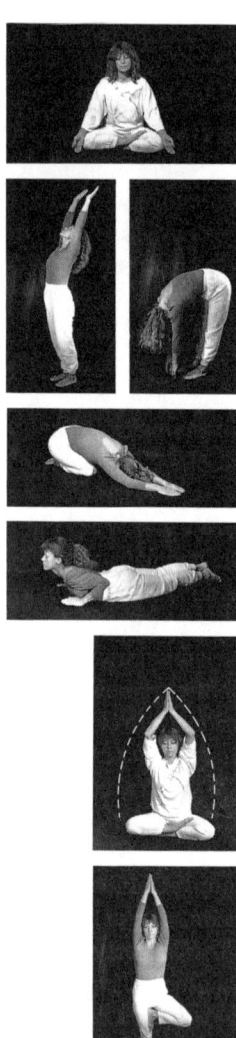

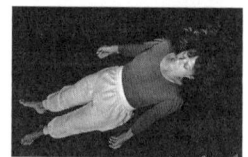

Eine mittlere und eine kürzere Reihe 47

## Die kürzere Reihe

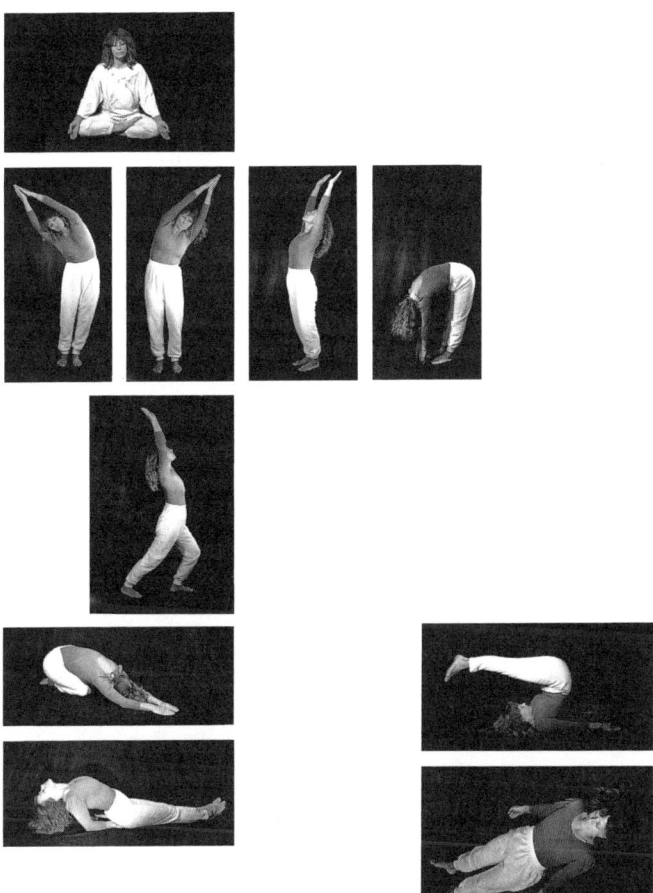

## Die Besinnung

Am Anfang unserer Übungen steht die Besinnung. Mit ihr stimmen wir uns ein. Dazu suchen wir einen stillen Platz in unserem Zimmer. Es sollte stets der gleiche Platz sein und, wenn möglich, die gleiche Zeit, die wir für unser Üben freihalten. Wir breiten unsere Matte oder Decke aus. Sie sollte nicht zu dünn sein, aber auch nicht zu dick und weich, denn sonst haben wir wenig Festigkeit unter uns, vor allem dann, wenn wir stehende Körperhaltungen einnehmen. Wir brauchen dann einen festen Grund unter den Füßen. Sofern das Telefon in nächster Nähe steht, stellen wir es ab oder bringen es, wenn die Schnur reicht, in einen Nebenraum. Wir ziehen die Vorhänge vor, es sei denn, wir haben einen freien Blick aus dem Fenster, und vergewissern uns, daß wir in der nächsten halben Stunde nicht gestört werden können.

Nun wählen wir *die* Sitzhaltung, die für uns am bequemsten ist, uns aber trotzdem in einem gewissen leichten Spannungszustand hält. Den Rücken richten wir gerade auf, dann lockern wir nochmals die Schultern und die Arme und Hände, letztere liegen weich und gelöst an den Oberschenkeln oder Knien. Der Kopf ist gerade, er ist nicht nach vorne geneigt, liegt aber auch nicht im Nacken. Das Gesicht ist entspannt und weich. Zuletzt schließen wir die Augen. Wenn wir auf einem Stuhl sitzen – mit der Zeit sollten wir uns von ihm lösen! –, so lehnen wir mit dem Rücken nicht an, achten vielmehr auch dabei darauf, daß der Rücken gerade ist. Die Fußsohlen sind fest auf dem Boden, die Füße nahe beieinander.

Sobald wir die Augen geschlossen haben, werden wir still. Das heißt, daß wir uns nun wirklich nicht mehr bewegen. Das fällt am Anfang vielleicht nicht so ganz leicht. Ebenso wie bei der Entspannung ist es durchaus möglich, daß sich alsbald ein Bewegungsimpuls meldet. Wir geben ihm nicht nach, sondern lassen ihn los. Das wird uns bald recht gut gelingen, ja, es wird ganz automatisch vor sich gehen: Bewegungswunsch – nicht darauf eingehen – loslassen.

Wir machen uns die Haltung bewußt, in der wir jetzt sind, d. h., wir erleben uns ganz im *Jetzt*. Wenn Gedanken auftauchen, lassen wir uns nicht auf sie ein, auch nicht auf Bilder, wir lassen sie gewissermaßen vorüberziehen. Um das zu erreichen, gibt es eine gute und zuverlässige Hilfe: unseren Atem. Auf ihn lenken wir unsere Aufmerksamkeit. Es kann sein, daß er noch kurz und hastig ist, unregelmäßig, daß er irgendwo „hängenbleibt", meist oben im Brustbereich. Das kümmert uns jetzt nicht. Wir fühlen ihn und erhöhen unsere Aufmerksamkeit in der leisen Atembewegung, die wir deutlich spüren, je konzentrierter wir uns ihm zuwenden. Nach kurzer Zeit schon fühlen wir, daß sich die Gedanken „verdünnen" und daß sich der Atem beruhigt, „einpendelt", seinen Rhythmus findet.

Damit ist schon einiges gewonnen. Es ist ein guter Anfang. Erwarten Sie bitte nicht gleich zu viel, stellen Sie keine allzu großen Ansprüche an sich selbst! Ein großer Fehler, der immer wieder gemacht wird und ganz sicher zu Enttäuschungen führt, ist der, allzuviel von sich selbst zu erwarten. Denn wir können solche Erwartungen meist doch nicht einlösen. Wir beginnen ganz klein und langsam. Alles will wachsen und reifen. Nehmen wir uns die Natur zum Vorbild. Nicht anders verhält es sich mit unserem Üben.

Ich bin nun einfach *da*. Nichts sonst, erlebe mich so, wie ich bin, ohne Wunsch nach Veränderung. So bleiben wir kurz. Kurz – das können 30 Sekunden sein oder zwei Minuten oder fünf Minuten. Einfach still sein. Ein wundervolles Erlebnis, für viele ganz ungewöhnlich, weil ungewohnt. Aber wir müssen unserem Körper und unserem Kopf Zeit lassen, sich daran zu gewöhnen, sich umzustimmen.

Wir können es dabei belassen. Wir können aber auch weitergehen. An dieser Stelle möchte ich ein Sprichwort zitieren, das ich immer wieder gerne verwende: „Wie man sich bettet, so liegt man." Es wird gleich ersichtlich, was es für uns bedeuten kann.

Wenn wir am Morgen üben, so ist die beste aller Einstimmungen in den Tag und alles, was auf uns wartet, das Gebet. Martin Luther sagte einmal: „Ich habe heute so viel zu tun, daß ich zuerst zwei Stunden beten muß!" Zwei Stunden brauchen wir nicht, haben wir auch gar nicht. Aber etwas Zeit sollten wir uns für unser Gebet doch nehmen. Es soll hier nicht untersucht werden, wie viele Arten und Formen des Betens es gibt. Doch eines ist wichtig: Gebet bedeutet nicht nur, daß wir um etwas bitten. Es bedeutet ebenso, daß wir uns „betten". Mit meinem Gebet am Morgen „bette" ich mich, und wie ich mich „bette", so „liege" ich. Ein gutes, tiefes Gebet am Morgen ist die beste Voraussetzung für einen guten Tag. In ein Gebet „eingebettet", bin ich in guter Hut. Eine bessere gibt es nicht.

Ein solches Gebet mag aus unserem Innersten heraus entstehen. Ich kann um die Kraft bitten für die Anforderungen des Tages. Ich kann für meine Nächsten bitten. Ich darf darum bitten, daß Gott mir seinen Geist, seine Wahrheit und seine Liebe schenkt und mir die Fähigkeit verleiht, davon weiterzugeben an viele andere Wesen. Ich darf darum bitten, alle Aufgaben, die der Tag mir bringt, als Geschenke aus Gottes Hand zu erkennen, damit ich mich daran bewähre, reife, mich entwickle und wachse zu ihm hin. Ich kann in meinen Gedanken ein Gebet nach einem Text formulieren, der mir gegenwärtig ist, etwa: „Dein Geist, Vater, hat mich gemacht, und mit deinem Atem hast du mir das Leben geschenkt . . ." (nach Hiob 33,4).

Zwei Gebete empfehle ich besonders gern. Das eine ist von Dietrich Bonhoeffer und vermag eine sehr starke Kraft und Zuversicht in uns zu wecken. Das zweite stammt von Hedwig von Redern und schenkt uns gerade an schwierigen Tagen und in kritischen Zeiten Sicherheit und Mut. Legen Sie am besten die Handflächen aneinander, und falten Sie die Hände, und sprechen Sie eines der beiden Gebete still in sich hinein, mit geschlossenen Augen und ruhigem Atem:

„Von guten Mächten wunderbar geborgen,
erwarten wir getrost, was kommen mag.
Gott ist mit uns, am Abend und am Morgen,
und ganz gewiß an jedem neuen Tag."

(Bonhoeffer wäre sicher damit einverstanden, wenn Sie statt „an jedem neuen Tag" am frühen Morgen beten. „An diesem neuen Tag . . ."

Das zweite Gebet von Hedwig von Redern lautet:

„Weiß ich den Weg auch nicht,
Gott weiß ihn wohl.
Das macht die Seele
still und friedevoll."

Ich möchten Ihnen an dieser Stelle noch eine ganz besonders intensive Form des Betens nahebringen. Wir nehmen den Körper, dieses wundervolle Werkzeug, mit in unser Beten, unser „Betten", hinein. Das geschieht auf die folgende Weise:

Wir knien, am besten im Fersensitz, wobei wir die Knie ein wenig oder auch etwas weiter auseinanderlegen. Dann legen wir zuerst die Hände kurz zusammen, so daß die Handflächen aneinanderliegen. Nun breiten wir die Arme seitwärts aus, die Handflächen zeigen dabei nach vorne, und dazu sprechen wir: „Von guten Mächten wunderbar geborgen – – –" Dann kreuzen wir die Arme über der Brust zu den Worten: „Erwarten wir getrost, was kommen mag – – –". Wir führen die Hände wieder zusammen, dazu sprechen wir: „Gott ist mit uns, am Abend und am Morgen – – –", und dann beugen wir uns nach vorne, legen die Stirn auf den Boden, und dazu bitten wir: „Und ganz gewiß an jedem (diesem) neuen Tag."

Im Yoga wird dies eine „Mudra" genannt, also eine Geste. Wir finden diesen Begriff mit einer näheren Erklärung bei der Beschreibung der Yoga-Mudra-Haltung, die wir als die Demutshaltung bezeichnen.

Während wir die Arme weit ausbreiten, machen wir uns bewußt, daß gute Mächte um uns sind, Gottes Boten, unsere Engel, die über uns wachen und uns begleiten. Wir können also ganz getrost in den Tag hineingehen und warten, was auf uns zukommt. Diese Gewißheit wird durch das Kreuzen der Arme über der Brust zum Ausdruck gebracht. Bei der Bitte, daß Gott mit uns sein möge, vom Morgen bis zum Abend und vom Abend bis zum Morgen, legen wir die Hände in der Gebetshaltung zusammen, und zuletzt verneigen wir uns vor Gott im „demütigen" Vertrauen, wissen wir doch, er ist mit uns, ganz gewiß jetzt und heute und immer.

## *Erleben des Atems*

Besinnung, Gebet, Atembewußtmachung, Körperhaltungen, Entspannung, Meditation – dies sind die fünf Phasen unserer Übungsreihe. Wenn wir einmal gar keine Zeit haben für unsere Körperübungen, dann nehmen wir uns wenigstens einige Minuten für die Besinnung und das Gebet und, wenn irgend möglich, noch für sieben tiefe Atemzüge, wie sie im Folgenden beschrieben und von ihrem inneren Gehalt her dargestellt werden. Warum? Nun, diese Atem-„Technik" ist aus mehreren Gründen für uns sehr wichtig und wertvoll.

Rein vordergründig gesehen, lehrt uns die Übung, wirklich voll zu atmen und die Atmung nicht nur auf einen oder zwei Bereiche zu beschränken, wie das bei den allermeisten Menschen der Fall ist. Sie atmen entweder im Bauchteil oder im Brustbereich, letzteres vor allem Frauen. Dabei ist der Atem fast immer so flach, daß er kaum spürbar ist. Ausgerechnet derjenigen „Tätigkeit", ohne die wir in wenigen Minuten tot wären, widmen wir keinerlei Beachtung! Der

Atem aber erfüllt uns ununterbrochen mit Kraft, mit Lebensenergie. Ist es ein Wunder, wenn wir uns so oft müde und energielos fühlen, abgespannt und ohne jeden „Antrieb"? Schon ein paar tief Atemzüge erfrischen uns, das weiß jeder. Warum lernen wir nicht daraus? Yoga, unsere Übungen, lehren es uns.

Wir sitzen also wieder sehr gerade, denn der Atem muß Platz bekommen, um ganz lang und tief ein- und ausströmen zu können.

Dann atmen wir tief aus, dabei lenken wir unsere Aufmerksamkeit auf die Bauchdecke, die spürbar einsinkt. Nun atmen wir ein und lenken mit Hilfe unserer Vorstellungskraft viel Atem in den Bauchteil und fühlen dabei, wie sich die Bauchdecke nach außen wölbt. Wir versuchen, den Atem wirklich *nur* in den Bauchraum einströmen, die höher liegenden Ebenen, also Rippen- und Brustpartie, passiv zu lassen. Wir legen zur Kontrolle anfangs die Hände auf die Bauchdecke. Wir lassen den Atem wieder ausströmen und spüren, wie die Bauchdecke einsinkt. Mit den Händen drücken wir etwas nach, um dieses Gefühl noch stärker zu erleben. Diese Art der Bauch-Atmung wiederholen wir einige Male. Dann gehen wir an die mittlere, die Rippenatmung. Wir legen die Hände so an die Rippen, daß die Fingerspitzen am unteren Rippenbogen liegen, während wir die Daumen etwas zurücknehmen. Wir atmen aus, und die Rippen werden schmal, mit den Fingern drücken wir etwas dagegen. Einatmend fühlen wir, wie sich die Rippen seitwärts dehnen, dann strömt der Atem wieder aus, und die Rippen werden schmal. Auch diese Atmung wiederholen wir vier- oder fünfmal und versuchen dabei, nun den Bauchteil und den Brustbereich so passiv wie möglich zu lassen. Zuletzt kommt die obere, die Brust- oder auch Schlüsselbeinatmung. Wir legen die Handflächen auf die Brust, die Fingerspitzen berühren leicht die Schlüsselbeine. Bauch und Rippenbereich bleiben passiv, die ganze Atemkraft strömt in den oberen Brustraum, wir stellen uns vor: bis hinauf in die Lungenspitzen. Der Brustkorb hebt sich etwas, was wir deutlich an den Händen spüren. Beim Ausatmen senkt er sich, wir achten darauf, daß der Rücken gerade bleibt und der Oberkörper nicht einsinkt. Auch diese Atmung wiederholen wir ein paarmal, ehe wir die Hände zurücklegen an die Knie oder die Oberschenkel und ruhig weiteratmen. Nun üben wir alle drei Atemebenen zusammen, und zwar deutlich in Abschnitten Bauch, Rippen, Brust. Ausatmend lassen wir den Atem ganz frei strömen und begleiten ihn mit unserem Bewußtsein. Leergeatmet verweilen wir in einer kurzen Atempause. Wir vermeiden es, den Atem im Brustbereich zu stauen und ihn beim Ausatmen nach unten zu drücken. Er soll wirklich frei und leicht, also natürlich, fließen. Wir atmen auf diese Weise siebenmal. Dann atmen wir wie gewohnt weiter.

Diese sogenannte volle Yoga-Atmung besitzt, neben den physiologischen Vorteilen, in zweifacher Hinsicht einen bedeutenden Symbolgehalt. Einmal bringt sie uns das stetige Wechselspiel von Nehmen und Geben ins Bewußtsein. Dieses Nehmen und Geben ist ein Lebensgesetz, das wir leider oft zu wenig beachten. Wir atmen ein, um leben zu können, aber wir halten den Atem nicht fest, wir können es gar nicht, ebensowenig, wie wir eine Speise, ein Getränk, festzuhalten vermögen, so gern wir es vielleicht manches Mal tun würden. Denn Festhalten ist eine Ur-Eigenschaft des Menschen. Wollten wir den Atem zurückhalten, müßten wir ersticken. Wir lassen ihn also wieder los, geben ihn gewissermaßen zurück.

Das zu erkennen und immer wieder ins Bewußtsein aufzunehmen, ist sehr wichtig. Der Mensch neigt dazu, sich alles mögliche und unmögliche anzueignen, Besitz zu erwerben. Leben aber ist nur im ständigen Wechselspiel möglich, im steten Austausch. Dieses Prinzip ist gleichbedeutend mit dem Lebensgesetz der Polarität, und in der symbolhaften Bedeutung der Ein- und Ausatmung wird uns dieses Gesetz deutlich. Tatsächlich ist alles, wohin wir auch schauen, Zweiheit, „alles hat zwei Seiten", wie wir oft so leichthin sagen, und doch steckt in diesem kurzen Satz sehr viel Weisheit. Erinnern wir uns nur an ein paar wenige sogenannte Gegensätze: Tag und Nacht, oben und unten, links und rechts, Ebbe und Flut, Sommer und Winter, Tag und Nacht, Ost und West, Süd und Nord, Gut und Böse, Mann und Frau, Jugend und Alter, Geburt und Tod, Gesundheit und Krankheit. Die Zahl der Beispiele ließe sich lange fortsetzen.

Der Atem hat für uns aber noch eine darüber hinausgehende Bedeutung. Er verbindet uns mit dem großen Strom des Lebens, an den wir alle angeschlossen sind und der uns alle miteinander verbindet, Freund und „Feind", durch ihn sind wir verbunden mit *den* Menschen, die wir lieben, und mit anderen, denen wir am liebsten aus dem Wege gehen. Der Atem kennt keinen Unterschied, genausowenig wie die Sonne. Sie scheint über Gerechten und Ungerechten. Es ist die gleiche „Luft", die wir alle miteinander atmen, Mensch und Tier und Pflanze. „Luft" steht absichtlich in Anführungszeichen, denn dieses kurze Wort drückt nicht annähernd aus, was sie wirklich beinhaltet. Sie ist Lebenskraft in des Wortes vollster Bedeutung.

Besinnen wir uns, *was* der Atem letztendlich für uns ist: Er ist der Atem Gottes in uns, an dem wir alle Anteil haben. Der Allmächtige, der Schöpfer des Himmels und der Erde und alles, was sich darauf bewegt, hat mir seinen „Odem" eingeblasen, allein durch ihn lebe ich, durch ihn bin ich mit Gott verbunden, wo immer ich bin, ob ich wache oder ruhe, ob ich gehetzt bin oder in der Stille verweile. Der Atem ist die „Nabelschnur", die mich an Gott bindet, ob ich es nun will oder nicht, ob ich es anerkenne oder zu negieren versuche. Gleichzeitig ist er noch viel mehr, denn diese „Nabelschnur" kann nicht zertrennt werden. Ich bin und atme in Gott, ja, wir können uns vorstellen: Gott atmet aus, und ich atme Gottes Hauch ein. Alles ist Atem, das ganze Universum atmet, es ist Gottes Atem, durch den allein alles lebt. „Pneuma", wie „Hauch" im Griechischen heißt, bedeutet zugleich Seele und Geist. Es gibt eine Theorie, wonach der Atem unseren Körper mit der Seele verbindet, uns den Zugang zu den seelischen Tiefen ermöglicht. Wenn unser Atem in der Entspannung tiefer und tiefer sinkt und immer ruhiger und rhythmischer wird, dann erfahren wir etwas von dem, was diese Theorie sagt. Und wir erfahren in der Stille des Atems noch etwas: Ich kann den Atem zwar beeinflussen, kann mit ihm „arbeiten". Wenn wir etwas Unangenehmes vor uns haben, atmen wir zuerst einmal tief ein, sammeln Kraft, „bauen uns auf". Die verschiedenen Atemübungen im Yoga kennen vielerlei Techniken. Bei einer guten Nachricht atmen wir auf, bei einer schlechten „stockt uns der Atem". Durch eine ruhige, regelmäßige Atmung können wir uns beruhigen. Doch atmen im eigentlichen Sinne können wir nicht. Der Atem ist autonom. Er wird uns mit der ersten Sekunde unseres Daseins geschenkt, und in der letzten Sekunde geben wir unseren Atem zurück. Wohin? In den großen Atem, unserem Schöpfer, Gott.

Mit dieser „inneren Begleitung" wird die Übung der vollen Yoga-Atmung zur Meditation. Sie geleitet uns in den nächsten Abschnitt hinein, in die Körperhaltungen, die wir mit unserem Atem begleiten.

## Ha-Ausatmung

**Ausführung**

Die erste unserer Übungen ist die Ha-Ausatmung im Stehen. Wir können sie auch im Sitzen, im Knien und im Liegen üben. Die stehende Ausführung ist jedoch die wirkungsvollste.

Diese Übung ist einfach. Wir stellen uns gerade auf unsere Matte/Decke, die Füße sind etwa zwei Fußbreit auseinander. Dann schließen wir die Augen und nehmen uns zunächst so wahr, wie wir jetzt sind. Wir können das Körperbewußtsein erhöhen, indem wir innerlich die Worte sprechen: *Ich stehe gerade – Ich stehe bequem – Ich stehe bewegungslos*. Dieses Sich-Wahrnehmen im Hier und Jetzt ist sehr wichtig für unser Selbstverständnis, unsere Identität. Wir nehmen uns so an, wir wir *jetzt* sind. Mit allen unseren Vorzügen und auch Fehlern. Wir wissen: Wir sind von Gott gewollt. Wir akzeptieren uns, nehmen uns an, auch und gerade in unserer Unzulänglichkeit. Doch was wir tun können zu unserer Entwicklung, das dürfen, sollen und müssen wir tun. Dazu gehört, daß wir uns immer wieder frei machen von Belastungen aller Art, von trüben Gedanken, Beschwernissen, Sorgen, Abneigungen – es gibt so vieles.

Mit dieser Einstellung, die wir uns vergegenwärtigen können, während wir in der geraden Haltung verweilen und die Aufmerksamkeit im Atem sammeln, üben wir nun die Ha-Ausatmung.

Wir atmen zunächst lange und tief aus, wie immer durch die Nase – mit wenigen Ausnahmen. Zu diesen Ausnahmen zählt diese Übung. Dann beginnen wir, langsam einzuatmen. Dabei heben wir die Arme seitwärts gestreckt im Tempo des einströmenden Atems in die Senkrechte, das Wort „Tempo" ist nicht ganz richtig, denn der Atem erfüllt uns nicht in irgendeinem „Tempo", sondern sehr fein, fließend, behutsam, wir könnten sagen: im Zeitlupen-Tempo. Wenn wir ganz eingeatmet sind, drehen wir die Handflächen nach vorne, öffnen weit den Mund, lassen den Oberkörper langsam oder auch etwas schneller nach vorne sinken und stoßen dabei den Atem kräftig aus. Das ist wichtig: nicht einfach ausatmen, sondern den Atem ausstoßen! Wenn wir ganz weit nach unten gebeugt sind, wobei die Beine gestreckt bleiben und die Arme schwer am Körper herabhängen ohne jede Spannung, ganz schlaff, gelöst, atmen wir die Lungen vollends ganz leer, soweit dies möglich ist. Denn *ganz* leer können wir sie nie atmen, etwas Restluft bleibt immer noch zurück.

Nun schließen wir den Mund, und während die Einatmung beginnt, richten wir den Oberkörper wieder im „Tempo" des einströmenden Atems auf. Beides, Atem und Bewegung des Körpers, sind eine Einheit, d. h., wir erleben uns gleichzeitig im einströmenden Atem und im Aufrichten des Oberkörpers, wir erleben, wie der einströmende Atem diese Bewegung ausführt, wir sind gewissermaßen lediglich Zuschauer. Das bedeutet stets: Sehr bewußt sein, sehr wach sein, sehr aufmerksam sein in dem, was jetzt gerade ist.

Wir atmen jedoch nur bis zur Hälfte ein, so lange, bis wir wieder geradestehen, die Arme hängen noch am Körper herab. Dann geht die Einatmung weiter, dabei heben wir beide Arme gestreckt über den Kopf, drehen eingeatmet die Handflächen wieder nach vorne, öffnen den Mund, und es geschieht dasselbe wie bereits beschrieben. Auf diese Weise üben wir drei- bis viermal. Zuletzt richten wir uns einatmend auf, führen die Arme nochmals in die Senkrechte, drehen die Handflächen nach vorne und atmen nun sehr lange und fein durch die Nase aus. Dabei lassen wir die Arme gestreckt und bis in die Fingerspitzen gedehnt nach vorne sinken, wobei der Oberkörper nun gerade aufgerichtet bleibt.

Ganz zuletzt lassen wir spürbar die Hände, die Arme und die Schultern los und atmen ruhig weiter. Die Augen halten wir während der ganzen Übung geschlossen. Dies gilt für alle Übungen, mit Ausnahme der Gleichgewichts-Haltungen.

**Wirkungen**
Die Wirkung der Übung ergibt sich aus der inneren Einstellung, aus der inneren Begleitung, und sie braucht eigentlich nicht besonders erklärt zu werden. Wir fühlen sie, sofern wir wirklich sehr aufmerksam geübt haben. Wir können die Wirkung aber noch verstärken, indem wir eine Art bekräftigende Formel sprechen, einige Worte, die das unterstreichen, was wir beabsichtigen und erleben: *Ich bin rein, im Körper, in den Gedanken und in den Gefühlen.*

Eine solche Bekräftigung mag uns fremd erscheinen. Manche mögen sie als „Selbst-Suggestion" sogar ablehnen. Doch sie hat eine tiefe Bedeutung, auf die in einem gesonderten Kapitel eingegangen wird. Nur so viel schon jetzt: Diese Formeln haben in der christlichen Glaubens-Praxis Tradition. Sie wurden schon vor Hunderten von Jahren in Klöstern angewandt, allerdings unter einem anderen Namen: *Einreden.*

**Innere Begleitung**
In der Heiligen Schrift wird auf Reinheit allergrößter Wert gelegt. Zahlreiche Zitate beziehen sich auf die äußere ebenso wie auf die innere Reinigung. In allen Religionen gibt es viele Reinigungs-Zeremonien. Leider sind sie bei uns weitgehend in Vergessenheit geraten. Manches ist aber doch noch gegenwärtig und wird im Alltag selbstverständlich vollzogen, ohne daß jemand dabei an den tieferen Hintergrund denkt. Ehe wir etwas Besonderes tun, ist es uns ein Bedürfnis, zumindest die Hände zu waschen. Wenn wir zu einem Konzert gehen, ziehen wir uns frisch an – oder sollten es zumindest tun. Vielleicht duschen wir vorher oder nehmen ein Bad. Wenn wir zum Gottesdienst gehen, am heiligen Abendmahl teilnehmen, sollte eine vorherige Reinigung eigentlich selbstverständlich sein.

Aus diesem Grund steht eine Reiningungsübung auch am Beginn unserer Yoga-Reihe. Natürlich könnten wir sie auch in der Mitte oder am Schluß der Reihe üben. Doch es hat mehrere Gründe, weshalb die Reinigung am Anfang steht. Wir lösen uns ganz bewußt von unserem Alltag, wir lassen das, was mit unserem Alltag zusammenhängt, draußen vor der Tür. Im Buddhismus gibt es einen schönen Vergleich, dessen Wortlaut auf den Buddha selbst zurückgeführt wird: *Das Schiff soll im Wasser sein, nicht aber das Wasser im Schiff.* Das bedeutet, auf unser Verständnis übertragen, daß die Seele zwar in die Welt hineinwirken soll, nicht aber die Welt in unsere Seele. Eben dies können wir auf unser Üben beziehen: Unser Yoga soll in seinen Auswirkungen in den Alltag hineinwirken, also in den Alltag eingebracht werden. Aber der Alltag mit all seinen vielen, oft recht ungeten Erscheinungen und Beeinflussungen soll nicht in unser Üben eindringen.

Ehe wir mit unserer Übungsreihe beginnen, machen wir uns also rein. Gewiß, der Ha-Ausatmung mag vor allem eine symbolische Bedeutung zugrunde liegen. Im indischen Yoga gibt es eine ganze Anzahl von reinigenden Übungen und Zeremonien, die uns westlichen Menschen meist sehr fremdartig erscheinen, nicht selten geradezu abstoßend. Sie brauchen uns nicht zu interessieren. Wichtig ist für uns, daß wir mit der äußeren zugleich die „innere" Übung vollziehen, wobei darauf hingewiesen werden soll, daß sie keineswegs nur einen rein symbolischen Charakter besitzt. Wir scheiden ja nicht nur durch die betreffenden Organe aus, sondern ebenso durch die Haut und den Atem, um so mehr, wenn wir ihn forcieren, wie es bei dieser Übung durch das kräftige Ausstoßen des Atems der Fall ist.

„Schaffe in mir, Gott,
ein reines Herz,
und gib mir einen neuen,
beständigen Geist."

*(Psalm 51, 12)*

## Der Halbmond

**Ausführung**

An die Ha-Ausatmung schließen wir die Haltung des Halbmondes an. Wir haben uns durch die Reinigung vorbereitet. Der Halbmond will uns den Körper näherbringen, zugleich zeigt er uns, wie wir ein tieferes Verständnis für unser körperliches Sein gewinnen können. Jede einzelne Yoga-Haltung ist eine Begegnung mit uns selbst. Die folgende Übung spielt dabei eine ganz besondere Rolle. Wir stehen wieder in gerader Haltung auf unserer Matte/Decke. Wir fühlen den Kontakt der Fußsohlen mit dem Boden und atmen zu den Fußsohlen hin, um diesen Kontakt noch deutlicher spürbar zu machen. Wir fühlen den Atem und wandern mit unserer

Aufmerksamkeit an *die* Stelle des Körpers, an der wir seine leise Bewegung am deutlichsten fühlen.

Nun atmen wir langsam aus, wie vor jeder Übung, denn wir „fallen" nie in eine solche hinein, sondern machen uns zuvor stets leer und damit bereit.

Langsam einatmend heben wir wieder seitlich die Arme gestreckt in die Senkrechte und legen über dem Kopf die Handflächen aneinander, wobei wir die Daumen kreuzen. Jetzt beginnen wir mit der Ausatmung und beugen gleichzeitig den Oberkörper nach rechts. Dies gelingt besser, wenn wir mit der rechten Hand leicht an der linken ziehen. Wir folgen dem Atem bis an unsere Grenze heran, das heißt, wir halten inne, wenn wir ganz ausgeatmet sind. Der Körper „begleitet" also den Atem in die Endhaltung hinein. Dort halten wir kurz an und kehren dann, während der Atem einströmt, langsam in die gerade Haltung zurück. Nun das gleiche nach links, wobei wir mit der linken Hand etwas an der rechten ziehen. Diese Bewegung wiederholen wir ein- oder zweimal, lösen dann, geradestehend, die Hände voneinander, drehen die Handflächen nach vorne und lassen ausatmend die Arme gestreckt nach vorne sinken.

Dann atmen wir wieder ein, wobei wir die Arme seitlich in die Senkrechte führen. Wir drehen die Handflächen nach vorne und lassen uns ausatmend sehr behutsam nach rückwärts sinken. Auch dabei ist es sehr wichtig, daß wir unsere Grenze erfühlen und nicht „überziehen". Leergeatmet kurz in der Endhaltung verweilen, dann einatmend zurückkehren und nun ausatmend langsam den Oberkörper nach vorne sinken lassen. Zuletzt leergeatmet bleiben, wobei die Arme sehr schwer, aus den Schultern heraus, nach vorne hängen, ohne jede Spannung. Einatmend richtet sich der Oberkörper mit schwer hängenden Armen auf. Erst wenn wir wieder geradestehen, atmen wir aus und lassen dabei fühlbar die Schultern schwer werden. Wir entspannen die Hände, auch das Gesicht, und kehren mit der Aufmerksamkeit dann in die Atemmitte zurück. Wir können diese Übung einmal wiederholen.

## Wirkungen

Die Übung wirkt anregend auf die Bauchorgane und dehnt und stärkt die Flanken, fördert die Elastizität. Bei der Übung nach rückwärts werden durch die starke Dehnung der ganzen Vorderseite die Verdauungsorgane noch stärker angeregt. Durchblutet die Nieren, wodurch ihre Ausscheidung stimuliert wird. Die Brust-, Bauch- und Oberschenkelmuskeln werden stark gedehnt, wodurch die Durchblutung gefördert wird.

## Innere Begleitung

Wir kennen nun die Ausführung und die körperliche Wirkung. Natürlich hat letztere durchaus ihre Bedeutung. Doch nicht wenige Übende sagen, daß sie eigentlich nur eine angenehme Begleiterscheinung sei. Wichtiger sei der innere Gehalt, und wenn wir vom tiefen Sinn des Yoga ausgehen, haben sie damit vollkommen recht. Der Inder verbindet mit jeder einzelnen ASANA, also Haltung, ein inneres Bild, das religiös geprägt ist. Für uns ergeben sich natürlich andere Vorstellungen und „Bilder". Ein solches bietet sich für die Haltung des Halbmondes sehr leicht an. Es ist das wundervolle Gedicht von Matthias Claudius: Der Mond ist aufgegangen, und zwar der dritte Vers:

„Seht ihr den Mond dort stehen? Er ist nur halb zu sehen und ist doch rund und schön! So sind wohl manche Sachen, die wir getrost belachen, weil unsre Augen sie nicht sehn."
Vor dem Hintergrund dieser Zeilen gewinnt unsere Übung eine tiefe Symbolik.

Geht es uns nicht mit uns selbst genauso? Wir sehen nur einen Teil von uns, das Äußere, also unseren Körper, den Ablauf unserer Bewegungen. Auch wir sind „nur halb zu sehen". Wie viele Menschen lachen darüber, daß da noch mehr sein soll! Und doch ist es so wahr, was der große christliche Mystiker Angelus Silesius in Worte faßt: „Nicht du bist, der da lebt, denn das Geschöpf ist tot. Das Leben, das in dir dich leben macht, ist Gott." Schauen wir also einmal zu nächtlicher Stunde zum Himmel empor, wenn gerade Halbmond ist. Lassen wir sein Bild auf uns wirken, und vollziehen wir dann mit unserem Körper dieses Bild nach. Diese Übung soll uns lehren, wer wir in Wirklichkeit sind: Geschöpfe Gottes, seine „Kinder", auch wenn ein solches Wort heute bei vielen Menschen auf Abneigung stößt, und wir dürfen zu dem, der weit, weit über uns, aber ebenso in uns ist, „Vater" sagen. Eine wundervolle Tröstung in schwerer Zeit.

So können wir auch jede einzelne Bewegung der Halbmond-Übung mit innerlich gesprochenen Worten begleiten, etwa auf die folgende Weise:

Bei der Beugung nacht rechts: Herr, ich stehe vor dir – – – Bei der Rückkehr in die Gerade: So, wie du mich geschaffen hast – – – Beuge nach links: Bitte, sieh mich an – – – Rückkehr in die Gerade: So, wie ich bin – – – Beuge nach rückwärts: Bitte, nimm mich an – – – Beuge nach vorwärts: Und wandle mich nach deinem Willen – – –

Wer auf diese Weise übt, wird alsbald feststellen, daß sich in ihm eigene Gedanken und Worte melden, gewissermaßen aus seinem Innersten aufsteigen, so, als seien sie dort die ganze Zeit schon gegenwärtig gewesen, nur darauf wartend, befreit zu werden. Und so ist es ja wohl auch. Durch die Übungen und den mit der Körperhaltung verbundenen Atem (bzw. umgekehrt) wird sehr vieles in uns in Bewegung gesetzt, werden Blockaden gelöst, Schranken gehoben, Schwellen überschritten. Das brauchen wir nicht zu tun, und wir können es auch gar nicht. Es geschieht ganz einfach.

Immer wieder wundern sich Übende darüber, wie solches sich in ihnen ereignen kann. Zuweilen wird es beinahe als eine Art Wunder bezeichnet. Im Grunde genommen ist es recht natürlich. In unserer Seele ist sehr viel mehr verborgen, als wir auch nur zu ahnen vermögen. Solches Verborgene wird durch die glückliche Verbindung von Bewegung und Atem frei. Wir sind in unseren Tiefen unsagbar reich, aber wir wissen es nicht: „Wir sind nur halb zu sehen . . .".

> „Wißt ihr nicht, daß euer Leib
> ein Tempel des Heiligen Geistes ist,
> der in euch ist und den ihr
> von Gott habt, und daß ihr nicht
> euch selbst gehört?"
>
> *(1. Korinther 6, 19)*

*Die Demutshaltung*

**Ausführung**
Die Demutshaltung wird sehr oft als die Symbolhaltung des Hatha-Yoga angesehen. Zu Recht. Sie drückt aus, worum es geht. Doch darüber mehr unter der „Inneren Begleitung". Hier zunächst die Ausführung:

Sie kann in verschiedener Weise vollzogen werden, einmal mit gekreuzten Beinen, wobei aber der sogenannte Burmesische Sitz oder die halbe Lotushaltung eingenommen werden sollte. Die beiden Sitzhaltungen sind zu Beginn beschrieben worden. Wem diese Sitz-Formen nicht möglich sind, der übt im Fersensitz. Nicht empfehlenswert ist für die Demutshaltung der Schneidersitz, bei dem die Knie in die Höhe stehen.

1. Im „Burmesischen" Sitz oder im halben Lotussitz legen wir die Hände auf den Rücken und umfassen mit einer Hand das andere Handgelenk. Dann atmen wir aus. Tief einatmend öffnen wir uns den einströmenden Aufrichtekräften und fühlen sie deutlich im ganzen Oberkörper.

Wir vermögen dieses Gefühl der aufrichtenden Atemkraft noch stärker zu empfinden, wenn wir den Kopf ein wenig zurücklegen.
Nun beginnt die lange und feine Ausatmung, und zugleich beugen wir den Oberkörper aus den Hüften heraus, also mit möglichst gerader Wirbelsäule, nach vorne. Dabei achten wir darauf, daß das Gesäß auf den Fersen bleibt. Nun beginnt sich der Rücken etwas zu wölben, und wir lassen den Kopf und den Oberkörper tiefer sinken, bis zuletzt die Stirn dicht an den Knien den Boden berührt. Wir sind nun ganz leergeatmet. Entweder bleiben wir leergeatmet eine Weile so, wobei die Erfahrung gilt, daß wir desto länger in dieser Haltung bleiben können, je tiefer wir ausgeatmet sind. Dann öffnen wir uns wieder dem Atem und erleben, wie uns die einströmende Atemkraft langsam aufrichtet. Zuletzt lösen wir die Hände und legen sie an die Knie zurück.
Ebenso können wir aber in der Endhaltung weiteratmen. Dann bleiben wir länger in dieser Stellung, die Aufmerksamkeit auf den Atem gerichtet oder auf die innere Einstellung (siehe „innere Begleitung").
Der Ablauf der Übung ist der gleiche, wenn wir den Fersensitz als Ausgangsposition gewählt haben. Dann achten wir ganz besonders darauf, daß das Gesäß auch in der Endhaltung auf den Fersen bleibt. Natürlich kann es sein, daß uns dies anfangs nicht gelingt. Das schadet nichts. Nach und nach werden wir gelenkiger, und es fällt uns leicht, Gesäß und Fersen zusammenzuhalten.

2. In der gleichen Sitzhaltung üben wir auf die folgende Art: Wir sitzen wieder gerade und atmen aus. Dann heben wir einatmend beide Arme seitlich oder nach vorne in die Senkrechte. Eingeatmet drehen wir die Handflächen nach vorne und beugen nun den Oberkörper mit den gestreckten Armen aus den Hüften heraus nach vorn, bis zuerst die Handflächen den Boden berühren. Sie gleiten noch ein wenig weiter nach vorne, bis die Stirn wieder

dicht vor den Knien auf dem Boden liegt. Nun atmen wir weiter oder verweilen leergeatmet in der Haltung, bis uns die nächste Einatmung aufrichtet. Dann atmen wir aus und lassen spürbar die Schultern, Arme, Hände und auch das Gesicht los. Wir achten bei diesem Loslassen immer besonders auf die Mundpartie, sind gerade in diesem Bereich doch viele Spannungen, die wir gar nicht mehr wahrnehmen, weil sie uns zur (unguten) Gewohnheit geworden sind. Denken wir nur an die zusammengebissenen Zähne, die dadurch überspannte und verkrampfte Kinnpartie, die an den Gaumen gepreßte Zunge, den verspannten Hals! Und alle diese Spannungen und Verkrampfungen wirken sich ja auf unser Gemüt aus. Nutzen wir also jede Entspannung dazu, gerade in diesem Bereich für eine Lösung zu sorgen.

3. Eine besonders schöne Form der Demutshaltung ist das sogenannte Gefaltete Blatt. Diese Haltung üben wir aus dem Fersensitz. Zuerst sitzen wir wieder ganz gerade, wobei die Wirbelsäule und der Rücken immer noch einmal ein ganz klein wenig (oder auch stärker, je nachdem) korrigiert werden. Diese Korrektur erfolgt, indem wir das Becken etwas nach vorne schieben. Dabei spüren wir deutlich die Reaktion im tiefen Rücken. Er wird ganz von selbst gerader. Wir begleiten diese Korrektur mit der inneren Einstellung: *Ich bin gerade!* Schon dieser Vorsatz, diese Bekräftigung" oder „Einrede" bewirkt oft, daß sich der Rücken ganz von alleine noch etwas reckt und streckt, und gleichzeitig wird eine Veränderung im Atem fühlbar. Der Atem erhält mehr Raum und fließt freier und leichter. Die Enge löst sich in die Weite hinein auf. Bedenken wir, daß das Wort „Enge" vom lateinischen „angustia" herstammt, und welche Bedeutung „Angina" im medizinischen Sinn hat, wissen wir alle. Eine der deutlichsten Auswirkungen ist die „Herz-Enge", „Angina-pectoris", mit ihren Angstgefühlen. Und auch das Wort „Angst" wird von „angustia" hergeleitet. Machen wir uns

die vielen Zusammenhänge bewußt und wie wir mit unseren Übungen in diese Zusammenhänge hineinwirken und Einfluß darauf nehmen.
Nun lassen wir die Arme locker am Körper herabhängen, so daß die Rückseite der Finger den Boden leicht berührt. Zuerst atmen wir ein, dann beginnt wieder die lange und feine Ausatmung, wobei wir den Oberkörper nach vorne in den ausströmenden Atem hinein sinken lassen. Die Hände gleiten ganz von selbst nach hinten zu den Füßen. Es geschieht dies ohne jede Anstrengung. Wenn die Stirn den Boden berührt, atmen wir weiter und erleben uns in der Dehnung und im Atem, ganz klein, zusammengefaltet, eben wie ein „gefaltetes Blatt" und ohne jeden Wunsch nach Veränderung. Wenn sich ein Wunsch meldet, die Haltung zu ändern, dann lassen wir ihn einfach los, wir beachten ihn nicht. Wir sind jetzt so, wie wir sind, und das ist alles. *Wir erleben uns,* die Begegnung mit uns selbst. Eine wundervolle Haltung, eine der schönsten Übungen des Yoga.
Wenn wir einatmend zurückkehren, dann gleiten die Hände wieder, während der Oberkörper sich aufrichtet, nach vorne zurück. Zuletzt legen wir sie an die Oberschenkel und lassen auf die vorhin beschriebene Weise los. Dabei lösen wir uns auch vom Bild der Übung.
Von der Demutshaltung gibt es verschiedene Varianten, doch soll auf sie in diesem Zusammenhang nicht eingegangen werden.

**Wirkungen**
Die Demutshaltung heißt auf Sanskrit: Yoga-Mudra. Mudra bedeutet nicht Haltung oder Stellung, sondern Geste. So ist diese Übung nicht im eigentlichen Sinne eine solche, bei welcher – unter anderem – die gesundheitliche Seite mit im Vordergrund steht, sondern eben das, was der Name sagt: Eine Geste und damit eine Symbolhaltung. Dennoch kann auch auf körperlichen Auswirkungen Bezug genom-

men werden. So wird in Yoga-Übungsbüchern vermerkt, daß diese Übung die Bauchorgane massiert und damit anregt, die Wirbelsäule dehnt, die Rückenmuskeln, Sehnen und Bänder streckt.

Als ich Yoga lernte, war die Yoga-Mudra-Stellung eine der allerersten Übungen, welche ich lernte. Mein Lehrer sprach nach dem Vorbild seines Yoga-Lehrers, des Inders Selvarajan Yesudian, die Bekräftigungsformel: „Meine inneren Organe arbeiten besser und besser, von Moment zu Moment." Das leuchtete mir ein. Doch einige Stunden später hörte ich im Anschluß an genau die gleiche Haltung eine ganz andere Formel: „Ich bin Geist, ich vergeistige meinen ganzen Körper. Ich gebe meinem Körper den schönsten Ausdruck. Ich baue schöne Formen." Das verwirrte mich. Was stimmte nun? Ich erkundigte mich bei meinem Lehrer. Seine Antwort war: „Beides." Ich war dadurch nicht klüger. Fragend sah ich ihn an. Er lächelte und sagte: „Kommen Sie selbst darauf!"

Und damit sind wir bei der „inneren Begleitung".

**Innere Begleitung**
Beides stimmt; Yoga-Mudra, die Demutshaltung, wird wirklich zur Symbolhaltung des ganzen Yoga-Systems. Repräsentiert sie doch beide Ebenen: die körperliche und die seelisch-geistige und vermittelt die Erfahrung des Ein- und Zusammenklanges von Innen und Außen, von *Seele* und *Körper* und *Geist*.

Yoga-Mudra schenkte mir aber einige Wochen später das Schlüsselerlebnis und leitete eine Entwicklung ein, von der ich damals noch keine Ahnung hatte, die mich aber im Laufe der Jahre zu *dem* Yoga führte, wie ich ihn heute selbst übe und immer wieder neu erlebe.

Ich befand mit damals in einer schweren äußeren und noch mehr inneren Krise. Eines Morgens übte ich meine Reihe, in der Yoga-Mudra am Ende vor der Kerze stand. Ich nahm die Endhaltung ein und überließ mich ganz dem

Atem. Ich muß bemerken, daß Yoga für mich damals, entsprechend der Schule, der ich angehörte, ein Übungssystem darstellte, das aus dem fernöstlichen Bereich stammte und eng mit der indischen Religiosität verbunden war, die mich sehr beeindruckte. Mitten in der Endstellung aber meldeten sich in mir plötzlich Worte, die mich aufs höchste überraschten: „Gott ist in mir, ich bin nie allein, Gott Vater, ich danke dir...".

Ich richtete mich auf, verwirrt, ratlos. Woher kamen diese Worte? Ich hatte zu Gott damals so gut wie keinen Bezug, war sehr enttäuscht, frustriert von dem, was ich zu jener Zeit unter Christentum verstand. Und nun solche Worte, die wie von selbst in mir aufgestiegen waren. In meiner Ratlosigkeit wußte ich nur eine Hilfe: Ich mußte meinen Lehrer fragen. Aber konnte ich das? Er war doch, wie ich damals dachte, ein Hindu oder Buddhist oder zumindest etwas Ähnliches. Sicher würde er für mein Anliegen kein Verständnis aufbringen. Trotzdem überwand ich mich und erzählte ihm das Geschehene. Meine Überraschung war groß, als ich seine Antwort vernahm. Er sagte: „Sie haben etwas Wunderbares erlebt. Ich gratuliere Ihnen dazu von ganzem Herzen!"

In diesem Moment wandelte sich mein Bild, das ich mir vom Yoga bis dahin gemacht hatte, grundlegend. Ich erkannte: Yoga ist nicht an irgendeine Religionsart gebunden. Jeder kann ihn üben, und jedem kann Yoga eine große Hilfe sein, körperlich, seelisch und in seinem religiösen Anliegen, in seiner Suche, auch wenn er sich dieser Suche noch gar nicht bewußt sein mag.

Der Leser möge es mir gestatten, daß ich über diese Übung mehr sage als über jede andere. Denn Yoga-Mudra ist mehr als alle anderen, sie ist, zumindest in meinen Augen und nach meinem Verständnis, *die* Schlüsselübung, das *Tor* zum tieferen, eigentlichen Verständnis dessen, was Yoga ist. Ich möchte hinzufügen: gerade für einen Christen ist. Dabei bin ich mir vollkommen darüber klar, daß sich an der Be-

## Die Demutshaltung

zeichnung „Demuts-Haltung" nicht wenige stoßen mögen. „Demut" ist ein Wort, das heute nicht gefragt ist. Es wird mit Unterwürfigkeit, Anpassung, Passivität gleichgesetzt. Und solche Eigenschaften sind in unserer Zeit suspekt. Doch welch ein Irrtum! Demut bedeutet: Mut zum Dienen. Mut, Aufgaben zu übernehmen. Ich stelle mich zur Verfügung, nehme an, was mir aufgetragen wird. Das kann Schweres sein. Ich will mutig sein und JA sagen.

Es ist eine öfter gebrauchte Redewendung: Ich soll dort „abgeholt" werden, wo ich gerade stehe. Das ist ein gutes Wort, denn jeder Mensch steht irgendwo anders, keine zwei Menschen stehen an der genau gleichen Stelle. Dort, wo wir gerade stehen, sind wir nicht selten sehr gehemmt, blockiert, wir stehen uns selbst im Wege, vielleicht ohne es zu merken. Das erfahren wir gerade, wenn wir das Wort Demut hören. Etwas in uns sträubt sich dagegen. Ich will doch frei sein ...

Bin ich wirklich frei, wenn ich solchen Zwängen unterliege? Solche Hemmungen, Blockaden lassen sich nicht von heute auf morgen lösen. Das braucht Zeit. Und eine Methode, die eine Hilfe ist auf dem Weg zur Befreiung. Eine solche Methode ist Yoga, ist die Demutshaltung. Ich muß mich nur darauf einlassen. Darum geht es.

Der Atem hilft dabei. Ausatmend beuge ich mich nach vorne, mache mich vollkommen leer und bereit. Dann meldet sich der nächste Atemimpuls, und ich öffne mich, spüre, der Atem wird mir neu geschenkt, richtet mich auf, erfüllt mich mit Kraft. Ich sitze gerade und biete mich an. Ich habe den Mut zu dienen.

Viele „innere Begleitungen" bieten sich an: „Herr, ich verneige mich vor dir in Demut, Anbetung und Dank." Ich darf um Kraft bitten und um die Gnade, zu hören, zu sehen, zu erkennen und zu lieben. Ich darf darum bitten, den rechten Weg geführt zu werden, jetzt, heute, morgen und an jedem Tag neu. Ich darf für meine Lieben ebenso bitten und für alle Wesen, die Gottes Hilfe an diesem Tag besonders nötig haben. Und zum Schluß: „Herr, dein Wille geschehe ...".

## 74  Die Haltungen und Übungen im einzelnen

Bittet, so wird euch gegeben – diese Worte Jesu könnten über dieser Übung als Motto stehen. Und wir können mit ihr auch das sogenannte Herzensgebet verbinden. Einatmend haben wir die Arme gestreckt in die Senkrechte und sprechen: „Herr Jesus Christus ...", und ausatmend lassen wir uns nach vorne sinken, wobei wir vollenden: „... erbarme dich meiner."

> „Ich ermahne euch nun,
> liebe Brüder, durch die
> Barmherzigkeit Gottes,
> daß ihr eure Leiber hingebt
> als ein Opfer, das lebendig,
> heilig und Gott wohlgefällig ist ..."
>
> *(Römer 12, 1)*

## Die Haltung der Kobra (Schlangenhaltung)

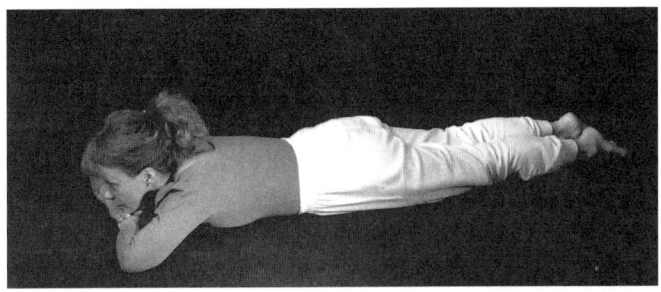

### Ausführung

Die Kobra oder auch Schlangenhaltung zählt mit zu den klassischen Yoga-Asanas. Sie sollte eigentlich in keiner Übungsreihe fehlen bzw. durch eine entsprechende Haltung ersetzt werden. Denn ihre Wirkungen auf Körper und Organe sind mannigfacher Art und betreffen gerade solche körperlichen Bereiche, wo bei vielen Menschen Störungen vorhanden sind. Mit Hilfe der Kobra können wir auf eine angenehme und zugleich wirksame Weise auf solche Störungen Einfluß nehmen.

Wir gehen in die Bauchlage. Die Hände legen wir unter der Stirn übereinander, so daß die Stirn auf dem oberen Handrücken liegt. Wem diese Lage nicht so zusagt, kann die Arme neben den Körper legen und den Kopf zur Seite drehen. So bleiben wir einige Atemzüge lang, wobei wir dem Atem zuschauen und jedesmal noch etwas mehr in die Ausatmung hinein loslassen. Wenn wir die Aufmerksamkeit ganz auf den Atem konzentrieren, dann spüren wir die feine Bewegung der Bauchdecke im Atemrhythmus gegen die Festigkeit des Bodens, dem wir uns überlassen.

Nun kommt der nächste Schritt: Wir stellen die Hände unter die Schultern, die Handflächen liegen fest am Boden, die Finger zeigen nach vorne. Die Ellbogen liegen dicht am Körper und sind leicht angehoben. Dann atmen wir aus. Langsam einatmend heben wir zuerst den Kopf, dabei lassen wir Nase und Kinn über den Boden streifen, weiter einatmend hebt sich der Oberkörper oder, besser, wir lassen ihn vom einströmenden Atem aufrichten; wenn wir unsere Grenze erreicht haben, bleiben wir so, lösen die Hände etwas vom Boden und atmen weiter. Dieses Weiteratmen sollte immer mit der inneren Einstellung vor sich gehen, daß nicht *wir* es sind, die atmen, sondern daß *es* in uns atmet. Diese Vorstellung bewirkt ganz von alleine, daß unser Atem nach und nach ruhiger wird und seinen Rhythmus findet. Wenn dagegen *wir* atmen, dann ist das ein Willensakt, und der Atem geht leicht gepreßt, stoßweise, es steht eine Anstrengung dahinter, die in jedem Falle vermieden werden sollte.

Nach mindestens fünf Atemzügen lassen wir ausatmend den Oberkörper und den Kopf sinken und kehren in die Ausgangshaltung zurück. Wir wiederholen die Übung ein- bis zweimal.

Zwei stärkere Formen werden wie folgt ausgeführt: Ausgangslage wie beschrieben. Ausatmen, dann langsam einatmen, wieder Kopf und Oberkörper heben, aber nun etwas auf die Hände stützen, wobei wir die Arme leicht gebeugt lassen, den Oberkörper aber etwas stärker dehnen können, wodurch der Atem mehr Raum erhält. Dann bleiben wir auf die Hände gestützt und überlassen uns dem Atem.

Eine noch stärkere Form ist die „Königsschlange". Auch dabei ist die Ausgangshaltung dieselbe. Wir atmen aus und heben einatmend langsam Kopf und Oberkörper so lange, bis wir wieder unsere Grenze fühlen. Dann stützen wir uns bei leicht gebeugten Armen auf die Hände und beugen nun auch die Knie, wobei wir versuchen, die Fersen so dicht wie möglich ans Gesäß heranzuziehen. Und nun lassen wir es weiteratmen. Wieder etwa fünf Atemzüge lang, wenn uns die Übung guttut, auch länger, in der Haltung bleiben und dann ausatmend langsam zurückkehren. Zuletzt wieder die Hände übereinander und die Stirn auf den oberen Handrücken legen bzw. den Kopf zur Seite drehen, wobei dann die Arme locker und schwer neben dem Körper ausgestreckt sind.

**Die Wirkungen**
Wie bereits gesagt, sind die Wirkungen der Kobra vielfältig. Die Rücken- und Bauchmuskeln werden gestärkt, die Bauchorgane durch den Atem leicht massiert. Die Wirbelsäule wird beweglicher und flexibler, leichte Fehlhaltungen werden korrigiert. Kreuzschmerzen werden in gewissen Fällen gelindert. Die Blutzufuhr im ganzen Bereich der Wirbelsäule wird verstärkt. Auch auf Schilddrüse und Nebennieren wird eine kräftigende Wirkung ausgeübt. Gut gegen Verstopfung, zudem wird der Appetit angeregt. Die Nieren werden besser durchblutet, und wir fühlen uns nach der Übung frischer. Die Kobra wird auch bei Menstruationsstörungen empfohlen.

Wenn wir die Endhaltung eingenommen haben, können wir zur Intensivierung der Wirkung, insbesondere auf die Schilddrüse, den Kopf stärker in den Nacken legen. Dabei muß aber beachtet werden, daß dies auf keinen Fall bei Überfunktion der Schilddrüse getan werden darf, ebenso sollte es bei einer geschädigten Halswirbelsäule vermieden werden. Menschen mit starkem Hohlkreuz ist diese Übung weniger zu empfehlen.

Es versteht sich von selbst, daß bei der Ausführung der beiden stärkeren Formen auch die Wirkungen entsprechend stärker sind; das gilt vor allem natürlich für die Königs-Schlange, bei der auch die Blutzufuhr im Hüft- und Kopfbereich verbessert wird. Wir brauchen aber bei Problemen mit der Schilddrüse (Überfunktion) auf die Übung trotzdem nicht ganz zu verzichten, sondern legen dann eben den Kopf keineswegs in den Nacken, sondern halten ihn gerade, oder, noch besser, lassen ihn ein wenig nach vorne sinken. Wir werden selbst bald herausfinden, welche der Haltungen uns am angenehmsten ist. Vertrauen wir auf die „Sprache" unseres Körpers und seine Intelligenz!

**Innere Begleitung**
Während ich das Wort „Intelligenz" schrieb, kam mir sogleich das Zitat in Matthäus 10, 16 in den Sinn: „Seid klug wie die Schlangen ...". Wer in der Bibel auch nur etwas bewandert ist, der kennt allerdings auch andere Zitate, in denen die Schlange keineswegs positiv dargestellt, sondern sogar als Symboltier des Bösen verstanden wird. Und wer weiß schließlich nicht von der verhängnisvollen Rolle der Schlange beim Sündenfall! Der Teufel selbst verwandelte sich in eine Schlange und verführte die Eva dazu, die verbotene Frucht zu pflücken und sie dem Adam zu reichen. In der Bibel wird aber trotzdem deutlich unterschieden zwischen Schlange und Schlange. Wird eine solche doch sogar zum Lebensretter, vergleiche 4. Mose 21, 9: „Da machte Mose eine eherne Schlange und richtete sie hoch auf. Und wenn jemanden eine Schlange biß, so sah er die eherne Schlange an und blieb leben."

Das Symbol der Schlange als Retter ist bis in unsere Zeit überliefert im Zeichen des Äskulap, das als „Zunftzeichen" der Ärzteschaft bezeichnet werden kann.

Bleiben wir bei diesem Bild und scheuen wir uns nicht, die Haltung der Schlange einzunehmen, uns ihre Intelligenz, ihre Klugheit, ja Weisheit bewußt zu machen, ich meine, so intelligent zu sein, uns zu erinnern, *wer* unser wichtigster Heiler ist: Gott bzw. Jesus Christus, durch den hindurch Gottes Kraft wirkte und wirkt. Das vergessen wir in unserem Alltag allzuleicht und verlassen uns vielleicht zuweilen allzusehr auf Medikamente, anstatt die Bitte um Gesundung in unser tägliches Gebet und vor allem das Abendgebet hineinzunehmen. Wie sagte doch der schwäbische Theologe Christoph Blumhardt, der von 1842 bis 1919 lebte, so kühn und zugleich wahr: „Es gibt kein Medikament, das so gesund macht wie der Glaube an Jesus Christus."

Wenn wir das annehmen können, dann dürfen wir etwa die folgenden Bitten in unsere Übung mit einbringen: „Herr Jesus Christus, bitte mach mich stark", oder: „Herr Jesus Christus, bitte mach mich gesund", oder: „Herr Jesus Christus, bitte heile mich am Körper, im Herzen und in der Seele." Wir verbinden dabei diese in Gedanken gesprochenen Worte mit dem Atem, während wir in der Endhaltung verharren bzw. wir „sprechen" denkend beim Einatmen: „Herr Jesus Christus", und formulieren dann weiteratmend unser Anliegen. Auch dies sind, wie immer wieder betont, lediglich Anregungen. Sicher werden sich bei längerem Üben, oft aber auch schon nach sehr kurzer Zeit, eigene Worte in unserer Tiefe bilden, die wir dann denkend in den Atem hineinnehmen. Gerade die Haltung der Kobra gewinnt dadurch außerordentlich an Intensität und wirkt weit über unseren Körper hinaus oder tief in unseren Körper hinein, was wohl besser formuliert ist. Wichtig ist, daß wir uns immer wieder ganz weit öffnen und uns dem göttlichen Odem überlassen, damit er in uns wirke nach *seinem Willen*!

„Wir sind in seiner Hand,
wie der Ton in des Töpfers Hand,
er macht alle seine Werke,
wie es ihm gefällt."

*(Sirach 33, 13)*

## Die Haltung des Bogens

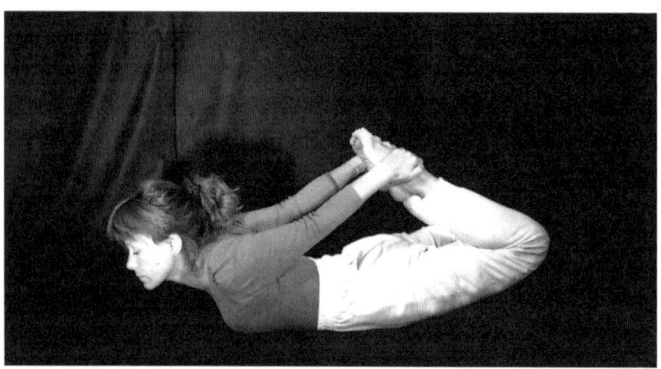

**Ausführung**
Es gibt zwei verschiedene Haltungen des Bogens. Hier soll nur eine davon beschrieben werden. Sie hat einmal die stärkeren physischen Wirkungen und ist zum andern vom inneren Gehalt her für unser Üben sinnvoller. Der Bogen ergänzt und verstärkt die Haltung der Kobra, insbesondere, was die Massage der Bauchorgane betrifft. Er erfordert einige Übung, denn es ist nicht ganz einfach, die Endhaltung mit vom Boden abgehobenen Oberschenkeln zu erreichen. Doch mit der Zeit gelingt dies den meisten Übenden ohne Anstrengung.

Die Ausgangshaltung ist die Bauchlage. Wir legen wieder die Hände übereinander und die Stirn auf den oberen Handrücken bzw. den Kopf zur Seite und die Arme gestreckt neben den Körper. In dieser bequemen und entspannenden Lage lassen wir unseren Körper immer noch mehr los, und wir beobachten dabei den Atem, fühlend, wie bei jeder Ausatmung der Körper noch schwerer wird, weil sich verbliebene Spannungen ganz von selbst in den Atem hinein lösen.

Wir legen nun die Stirn oder das Kinn auf den Boden und

beugen die Beine ein, so daß die Unterschenkel stark angehoben sind. Dann fassen wir mit beiden Händen die Füße oder, besser, Fußgelenke. Dabei legen wir die Knie weit auseinander, während sich die großen Zehen beider Füße berühren sollten. Dann atmen wir lange und tief aus. Einatmend heben wir etwas den Kopf (nicht zu hoch!) und dehnen nun die Füße sehr stark nach oben, während sich die Arme gleichzeitig spannen und an den Fußgelenken oder Füßen ziehen. Dabei sollten sich die Oberschenkel vom Boden abheben und der Rücken nach innen runden. Wir können jetzt den Kopf noch höher heben und dadurch den Brustkorb noch stärker wölben. Dann überlassen wir uns dem Atem. Entweder lassen wir uns ganz leicht vom Atem bewegen, das heißt, wir forcieren die leise Schaukelbewegung nicht, die der Körper unter dem Einfluß des ein- und ausströmenden Atems macht, oder wir schaukeln von uns aus auf der Bauchdecke, wodurch sich die Massage der Bauchorgane natürlich erheblich verstärken läßt. Dann wird der Bogen eher zu einer Schaukel.

Die Schwierigkeit bei dieser Übung besteht, wie schon erwähnt, darin, die Oberschenkel vom Boden zu lösen. Dies wird am leichtesten dadurch erreicht, daß wir die Aufmerksamkeit auf die Füße konzentrieren und diese wirklich spürbar nach oben dehnen. Die Arme sind in der Endhaltung ganz gestreckt und halten die Füße und Beine in ihrer Position, sie sind nun gespannt wie die Sehnen eines Bogens, ja, der ganze Körper gleicht einem gespannten Bogen, von dem in jeder Sekunde der Pfeil seinem Ziel entgegenschnellt. Daher hat diese Haltung ihren Namen.

**Wirkungen**
Diese Haltung dehnt vor allem die Muskeln des Schultergürtels und der Arme, Brust, Bauch und Oberschenkel. Die Durchblutung des Rückens wird gefördert. Die Haltung ist sehr vorteilhaft bei Rundrücken. Die Wirbelsäule wird elastisch gehalten und gestärkt. Der Inder sagt: „Wir sind so

jung wie unsere Wirbelsäule." Daran ist sicher etwas Wahres, und so kann diese Übung für uns eine Verjüngung bedeuten, wenn wir sie in unser tägliches Programm aufnehmen. Andere Wirkungen werden in Yoga-Büchern wie folgt aufgezählt: hilft bei Verdauungsstörungen, bekämpft Verstopfung und normalisiert die Tätigkeit der Bauchspeicheldrüse. Durchblutet und reinigt die Nieren. Wirkt anregend auf die Nebennieren. Das Sonnengeflecht wird massiert.

Auch bei dieser Übung gilt Vorsicht bei Schilddrüsen-Überfunktion, in diesem Falle sollte der Kopf nicht in den Nacken gelegt werden. Bei Entzündungen im Bauchraum ist die Haltung nicht zu empfehlen. Außerdem besteht, vor allem bei Männern, durch zu starkes Forcieren der Haltung die Gefahr einer Leisten-Überdehnung, die sehr schmerzhaft sein kann und ähnliche Symptome zeigt wie ein Leistenbruch. Also auch hier auf die Stimme unseres Körpers und seine eventuellen Warnungen hören.

**Innere Begleitung**
Der Bogen ist eine Waffe, die später zum Sportgerät wurde. Zur Zeit der biblischen Geschehnisse war der Bogen neben dem Speer die wichtigste Kampfwaffe. So wird in Texten der Bibel auf den Bogen Bezug genommen, etwa in Psalm 18, Verse 33 bis 35: „Gott rüstet mich mit Kraft und macht meine Wege ohne Tadel. Er lehrt meine Hände streiten und meinen Arm den ehernen Bogen spannen..." Wir können uns während der Übung vorstellen, daß wir ein solcher Bogen sind, ein Werkzeug im Kampf des Lebens, das uns hilft, die vielen Aufgaben, die es uns stellt, zu bewältigen und zu meistern.

Wir können aber dieser Haltung auch noch eine andere, viel schönere Bedeutung geben und dieses Bild mit in unsere Übung hineinnehmen: Es ist das Bild des Regenbogens in seiner schillernden Farbenfülle und seiner hohen Symbolik für Gottes Gegenwart und Zuwendung zu uns Menschen. Wir kennen das Zeichen des Regenbogens vielleicht aus alten Bibelillustrationen, die zumindest uns Älteren noch aus unserer Kindheit bekannt sind. Es ist ein Symbol, das sehr viel Erleichterung und Trost spendet; Gott sagt dem Menschen zu, daß er ihn künftig von solchen Heimsuchungen wie der Sintflut bewahren wird. Wir wollen einen solchen Bogen mit unserem Körper nachvollziehen!

„Und Gott sprach:
Meinen Bogen habe ich
in die Wolken gesetzt;
der soll das Zeichen sein
des Bundes zwischen mir und
der Erde...".

*(1. Mose 9, 13)*

84   *Die Haltungen und Übungen im einzelnen*

## Der Drehsitz

**Ausführung**
Auch der Drehsitz gehört zu den klassischen, das heißt alten, überlieferten Yoga-Asanas. Seine Wirkungen auf den Körper sind vielfältig. Er kann in verschiedenen Stärke-Graden geübt werden, doch wollen wir uns auf die einfacheren beschränken, nicht zuletzt, um evtl. ungünstigere Auswirkungen von vornherein zu vermeiden.

Wir sitzen mit nach vorne gestrecktem linkem Bein und stellen den rechten Fuß über den linken Oberschenkel auf den Boden, und zwar möglichst weit oberhalb des Knies. Dann stellen wir die rechte Hand hinter dem Gesäß auf den Boden und legen den linken Arm von außen wie einen Hebel über das rechte Knie. Dabei versuchen wir, mit der linken Hand den linken Unterschenkel oder Fuß zu fassen, um die Hebelwirkung des Armes noch zu verstärken.Sie sollte den Druck des Armes gegen den rechten Oberschenkel so stark machen, daß dieser gegen den rechten Bauchteil gepreßt wird, wodurch sich eine angenehme Massage in diesem Bereich ergibt. Zuletzt wenden wir uns nach rechts, also in die Richtung der hinter dem Gesäß auf den Boden gestützten Hand. Wir nehmen auch den Kopf mit in die Drehung hinein und überlassen uns dann ganz dem Atem.

Bei dieser Übung ist es sehr wichtig, daß wir nun selbst nichts mehr tun, sondern jede Bewegung einfach dem Atem überlassen. Wenn wir sehr konzentriert sind, fühlen wir, daß sich die Drehbewegung jedesmal, wenn der Atem ausströmt, ein klein wenig verstärkt, und daß sie etwas nachläßt, wenn der Atem wieder einströmt. Wir spüren deutlich das Wirken des Atems in uns. Wir können uns auch vom Atem dorthin führen lassen, wo seine Bewegung am deutlichsten spürbar ist. Das kann sein einmal im tiefen Bauchfell, sodann in den Flanken oder einer von beiden, aber ebenso im tiefen Rücken. Dieses Hinlauschen auf den Atem ist ein wichtiger Bestandteil dieser Übung.

Nach einer Reihe von Atemzügen (nicht *ich* atme, sondern *es* atmet in mir) wechseln wir die Haltung. Wir tun das mit ruhigen und sicheren Bewegungen.

Eine etwas stärkere Wirkung ergibt sich, wenn wir das jeweils gestreckte Bein beugen, so daß dann die Fußsohle an der entgegengesetzten Gesäßhälfte liegt. Alles andere ist gleich wie in der ersten Form.

Bei dieser Haltung, die zugegebenermaßen ein wenig kompliziert erscheint, werden leicht die Seiten verwechselt.

Wir müssen uns also genau einprägen, wie die Haltung Schritt für Schritt eingenommen wird. Wenn wir sie ein paarmal geübt haben, fällt sie uns schon recht leicht.

**Wirkungen**
Diese Haltung dehnt die Bänder und Muskeln des Rückgrates. Die Bauchorgane werden angenehm, aber doch gründlich massiert durch den Druck des jeweiligen Oberschenkels und den ein- und ausströmenden Atem. Der ganze Körper wird erfrischt und gelenkiger. Bei Hohlkreuz und anderen Rückenbeschwerden wird diese Übung besonders empfohlen. Bei regelmäßigem Üben wird überflüssiges Fett an Bauch und Hüfte nach und nach abgebaut.

Doch wo viel Licht ist, da ist immer auch Schatten, und es ist kaum zu verstehen, daß diese Schattenseiten in so vielen Yoga-Büchern nicht erwähnt werden, sind sie doch ganz selbstverständlich, man denke allein an das grundlegende Lebensgesetz der Polarität! Wo Hell ist, da ist immer auch Dunkel, und wo Ebbe ist, da ist ebenso Flut. Es gibt unendlich viele Beispiele dafür, und so kann es nicht ausbleiben, daß auch bei den Yoga-Haltungen unter Umständen unerwünschte Wirkungen auftreten können, wenn wir unvernünftig üben oder die Gegebenheiten unseres Körpers nicht berücksichtigen.

Beim Drehsitz sollten wir, wie auch beim Bogen, darauf achten, daß wir die Lenden nicht überdehnen. Der Verfasser hat in dieser Hinsicht selbst durch allzu forciertes Üben des Drehsitzes ungute Erfahrungen gemacht! Auch die Halswirbelsäule kann uns eine allzu starke Dehnung übel vermerken. Also immer bis an die Grenze herangehen, diese aber nicht überziehen. Trozdem kann es sein, daß wir diese Grenze überschreiten. Aber das überlassen wir dem Atem. Auf keinen Fall zwingen wir uns in eine zu starke Dehnung hinein!

**Innere Begleitung**
Der Drehsitz ist eine typische Haltung der Besinnung, also eine meditative Übung. Warum? Nun, die physischen Wirkungen haben wir soeben gehört. Sie sind wichtig und gut. Doch nun wenden wir uns vom Körper ab, wie es ja bereits empfohlen wurde, als es hieß, wir beobachten den Atem. Sobald sich der Atem beruhigt hat, werden wir in dieser Haltung eine tiefe Ruhe empfinden, und sie ist es vermutlich, die diese Übung mit zu einer Lieblingsübung vieler Menschen macht. Wir bleiben also länger darin und überlassen uns ganz dem, was jetzt geschieht.

Was kann geschehen? Nun, zum Beispiel erleben wir, wie wir immer passiver, „ergebener", werden und damit empfänglicher für die „Stimme des Atems". Ja, hat denn unser Atem eine Stimme? Ganz sicher! Wir nehmen uns nur zu wenig Zeit und vor allem zu wenig Ruhe, um auf sie zu hören. Sie ist ganz leise, ganz fein, sie drängt sich nicht auf, so wie die Stimme des Gewissens in uns. Vielleicht ist es Gottes Stimme, die sich uns mitteilen will? Wir sollten uns dieser Gnade bewußt sein und uns ihr öffnen, denn Gnade ist allgegenwärtig. Das sagt bereits der Name. Das Wort „Gnade" wird hergeleitet aus dem Wort „genahen", es will sich mir also etwas nahen. Um es empfangen zu können, muß ich bereit und offen sein. So wie jetzt in der Haltung des Drehsitzes, während der Atem ganz regelmäßig, rhythmisch geworden ist und ich mich immer noch mehr ihm überlasse.

Ich kann mich nun ganz Gott zuwenden. Was bedeutet er für mich? Es gibt viele Namen und ebenso viele Eigenschaften Gottes, die in dieser Haltung und im Atem bewußt werden können. Ein Yoga-Übender sagte mir einmal – und ich gebe es gerne weiter, weil es eine Anregung für manche sein mag: „Gott hat für mich genau ein Dutzend Eigenschaften!" Ich lächelte: „Nur ein Dutzend?" Er ging nicht auf mein Lächeln ein, sondern blieb sehr ernst: „Ja, für mich ist es ein Dutzend, einfach, weil ich dieses Dutzend selbst erfahren habe..." Natürlich wollte ich nun mehr wissen, und er er-

klärte es mir: „Jedesmal, wenn der Atem ausströmt, wird eine andere Eigenschaft Gottes für mich offenbar: Er ist der Ewige, der Bleibende, der Wirkende, der Gütige, der Gnädige, der Vergebende, der Führende, der Heilende, der Aufrichtende, der Tröstende, der Erlösende, der Liebende . . .".
Wohl dem, der ein ganzes Dutzend Eigenschaften Gottes so „hautnah" erfahren durfte – dank einer einfachen Yoga-Haltung!

> „Es ist nichts verborgen,
> was nicht offenbar wird,
> und nichts geheim,
> das man nicht wissen wird."
>
> *(Matthäus, 10, 26)*

# Die Haltung des Helden

**Ausführung**
Wir stehen in der Mitte unserer Matte/Decke. Die Augen halten wir geschlossen. In dieser Haltung leben wir uns in unseren Körper ein. Es ist eine „Übung innerhalb der Übung", unseren Körper mit dem Bewußtsein von unten nach oben zu durchwandern. Das geschieht folgendermaßen:

Wir tasten uns mit unserer Aufmerksamkeit zu den Füßen, indem wir den Atem nach unten verlängern und uns dabei vorstellen, wie der Atem durch den Beckenraum, die Oberschenkel, die Unterschenkel zu den Füßen strömt, dann durch die Fußsohlen hindurch bis in den Boden hinein. Dadurch erhöht sich das Gefühl für den Kontakt zum Boden, zur Erde, der wir uns voll Vertrauen überlassen. Dann spannen wir ein wenig die Wadenmuskeln an und lassen wieder los. Nun die Knie, und wieder loslassen, die Oberschenkel, loslassen, die Gesäßmuskeln anspannen und wieder lösen. Den Bauch etwas einziehen und wieder entspannen, die Hände kurz zu Fäusten ballen und lösen, die Arme anspannen, lösen, die Schultern ein wenig heben und sinken lassen. Nun den Brustkorb anspannen, lösen, das Kinn etwas anziehen und den Kopf wieder heben, die Augen fest zusammenpressen und wieder öffnen. Erst jetzt beginnen wir mit der eigentlichen Übung. Wir stellen den rechten Fuß einen kräftigen Schritt nach vorne. Einatmend heben wir beide Arme gestreckt in die Senkrechte, kreuzen die Daumen und beugen ausatmend das rechte Knie, während das linke Bein so gerade wie möglich bleibt. Beide Fußsohlen sollten fest am Boden haften. Zugleich beugen wir den Oberkörper nach rückwärts und atmen weiter. In dieser Haltung verweilen wir für mehrere Atemzüge und kehren dann langsam in die Ausgangshaltung zurück, indem wir uns einatmend in die gerade Haltung aufrichten, die Daumen lösen, die Arme ausatmend sinken lassen und den Fuß zurück neben den linken stellen. Anschließend wiederholen wir die Übung, indem wir nun den linken Fuß einen Schritt nach vorne setzen und wie beschrieben die Haltung einnehmen.

**Wirkungen**
Die Übung vermittelt uns ein Gefühl der Sicherheit und Stabilität, läßt uns die Einheit von Körper und Atem erleben und erhöht dadurch unser Bewußtsein ebenso wie unseren Gleichgewichtssinn. Unabhängig vom Alter, kann die „Haltung des Helden" von jedermann eingenommen werden. Wir achten nur darauf, daß wir beim Zurückbeugen nicht „überziehen", das heißt, wir gehen bis an unsere Grenze heran, die wir leicht erspüren.

**Innere Begleitung**
Was bedeutet das: Die Haltung des Helden? Auch als „Tapferkeitshaltung" ist diese Übung bekannt. Nun, sie meint genau das, was beide Namen ausdrücken, wenn auch in einem anderen als unsrem gewohnten Sinngehalt. Ein Held ist demnach nicht der, welcher auf dem Schlachtfeld viele Feinde besiegt, sondern *der* Mensch, der sich im Leben bewährt, das heißt den Aufgaben stellt, die ihm das Leben aufgibt. Ein solcher Mensch läuft vor der Verantwortung nicht davon, er drückt sich nicht, „steigt nicht aus", sondern stellt sich den jeweiligen Herausforderungen in dem Bewußtsein, daß er von seinem Schöpfer in diese Welt gesandt worden ist, um hier sein Teil dazu beizutragen, Gottes Reich zu schaffen.

Dies ist ein überaus hoher Anspruch. Doch Gott stellt hohe Ansprüche an den Menschen. Erinnern wir uns an den Auftrag, den Jesus Christus uns gegeben hat, als er sagte: „Ihr sollt vollkommen sein, so wie euer Vater im Himmel vollkommen ist!" Hat je irgendwer auf dieser Welt mehr von uns verlangt? Ganz sicher nicht. Und Jesus Christus hat uns selbst vorgelebt, *wie* wir diesem Anspruch nach unseren jeweiligen Möglichkeiten gerecht zu werden vermögen. So wollen wir tapfer das anpacken, was der Tag uns bringt, auch wenn wir dabei immer wieder einmal versagen werden. Dann beginnen wir wieder von vorne. Unser Tagewerk wird uns im übrigen um so besser gelingen, je mehr wir uns vorstellen, daß alle Aufgaben Geschenke Gottes an uns sind, an denen wir uns entwickeln, wachsen und reifen sollen – zu IHM hin.

In diesem Sinne geübt, gewinnt die „Haltung des Helden" für uns eine ganz neue Bedeutung und führt uns durch die unmittelbare Verbindung von Körper, Atem und Bewußtsein in die Tiefen unseres Seins.

„Gott hat uns nicht gegeben
den Geist der Furcht,
sondern der Kraft
und der Liebe
und der Zucht."

*(2. Thimoteus 1, 7)*

## Die Haltung des Baumes

**Ausführung**
Bei allen Gleichgewichtsübungen kommt es ganz besonders darauf an, daß wir eins nach dem anderen tun. In unserem Alltagsleben mißachten wir diesen Grundsatz nur allzu gerne. Wundern wir uns dann, wenn uns manches nicht so gelingt, wie wir es uns wünschen? Ganz sicher hätten wir mehr Erfolg und zugleich Befriedigung bei unserem Tun, gleichgültig, worum es sich handelt, wenn wir uns ganz und ausschließlich *der* Aufgabe widmen würden, die es anzupacken gilt. Das heißt, ganz schlicht und einfach ausgedrückt: bewußt handeln.

Wie wichtig das ist, wird uns bei den Gleichgewichtshaltungen deutlich. Wenn wir versuchen, eine solche Haltung einzunehmen und dabei mit unseren Gedanken schon bei etwas anderem sind, wird sie uns ganz sicher nicht gelingen. Wir werden unsicher, schwanken und müssen von vorne beginnen. Auch gut, dann versuchen wir es eben ein zweites Mal. Es ist ja eine Übung und keine Vorführung. Und mit dieser Einstellung gehen wir nun daran, uns in einen Baum hineinzuversetzen, indem wir die Haltung des Baumes einnehmen.

Wir stehen in der Mitte unserer Matte/Decke. Die Augen halten wir noch geschlossen und erleben uns in der Haltung, die wir jetzt unserem Körper gegeben haben. Wir stehen gerade, bequem und (fast) regungslos, bis auf die sehr feine, leise Bewegung, die der Atem in uns bewirkt.

Nun öffnen wir die Augen und suchen vor uns in Augenhöhe einen Punkt oder, wenn vorhanden, einen Baum (evtl. hinter dem Fenster oder im Zimmer eine hohe Pflanze). Daran halten wir uns während der ganzen Übung fest – mit den Augen, versteht sich!

Jetzt verlagern wir das Körpergewicht etwas mehr auf den rechten Fuß. Er ist jetzt unser „Standfuß", und es ist wichtig, daß wir zu ihm einen besonders intensiven Kontakt fühlen. Wir atmen also, wie wir das immer wieder tun sollten, sehr bewußt zu unserem rechten Fuß hin, zur Fußsohle, ja, wir stellen uns vor, daß wir durch die Sohle hindurch in den Boden hinein atmen. Dabei spüren wir: Ich bin jetzt ganz fest verbunden, verwurzelt mit dem Boden. *Er* trägt mich, ich kann mich ihm getrost anvertrauen!

Wenn wir das Gefühl der Festigkeit, der Stabilität haben, heben wir den linken Fuß und legen ihn in die rechte Leistenbeuge, wobei wir die Hände zu Hilfe nehmen, oder wir stellen die linke Fußsohle an die Innenseite des rechten Oberschenkels, oder wir legen den linken Unterschenkel über dem Knie auf den rechten Oberschenkel, je nachdem, wie sicher wir stehen und wie geübt wir sind. Wir können uns zunächst auch damit begnügen, daß wir die Zehenspitze des linken Fußes auf den Rist des rechten Fußes stellen.

Zuletzt heben wir beide Arme seitlich in die Höhe. Wir legen die Hände entweder vor der Brust in der Gebetshaltung zusammen, oder wir führen sie über den Kopf, wobei wir entweder die Arme etwas gebeugt lassen oder aber strecken. In beiden Fällen legen wir die Handflächen aneinander und kreuzen die Daumen. Der Atem geht frei und leicht, wir beeinflussen ihn also nicht, sondern lassen ihm seinen Rhythmus. Nach einiger Zeit lösen wir die Haltung auf und wechseln, indem wir nun den linken Fuß zum „Standfuß" machen. Wenn wir fortgeschrittener sind, können wir in dieser schönen Haltung so lange bleiben, wie es uns gefällt. Wer sehr gut in Übung ist, kann fünf Minuten und länger verweilen. Im allgemeinen aber werden es zehn ruhige Atemzüge tun.

**Wirkungen**
Wie alle Gleichgewichtshaltungen erhöht diese Übung unsere Sicherheit und unsere Stabilität. Unsere Konzentrationskraft wird geschult und entwickelt. Wir gewinnen mehr Selbstvertrauen, und bald werden wir merken, daß wir uns in dieser Haltung ausgesprochen wohl fühlen. Nicht wenigen Menschen wird diese Haltung zur liebsten Übung überhaupt, und sie nehmen sie daher immer wieder einmal am Tage ein. Durch die gestreckte Haltung geben wir auch unserem Atem Raum, daß er freier fließen und strömen kann. Diese Übung ist für nahezu jedermann geeignet, sofern er gesunde Fußgelenke hat.

Noch etwas ist beim Üben solcher Gleichgewichtshaltungen von Bedeutung: Sie zeigen uns eigene Defizite auf. Wo fehlt es mir? Bin ich wirklich auch in meinem Inneren so unsicher wie dann, wenn ich auf einem Bein stehen soll? Vielleicht ist mir das bislang noch gar nicht so recht deutlich geworden. Jetzt wird es mir plötzlich gezeigt. Es kann sein, daß uns durch diese Erkenntnis die Übung verleidet wird. Das ist gar nicht so selten. Wir „drücken" uns ja gerne vor etwas, das uns nicht gelingen will. Doch das wäre genau das verkehrte. Eben diese Übung sollten wir in unser tägliches Programm aufnehmen. Denn über die Haltung des Körpers wirken wir auf unseren „inneren Menschen" ein.

**Innere Begleitung**
Wir wissen, daß der Baum gerne als Symbol für uns Menschen herangezogen wird. Wie er sind wir ein „Kind" der Erde, aus ihr sind wir gekommen, zu ihr kehren wir zurück. Wie der Baum „wurzeln" wir im Boden. Zugleich aber streben wir, wie der Baum, nach oben, sehnen uns nach Licht und Sonne, nach der Weite des Himmels. Der Baum atmet und wächst und wir mit ihm! Der Baum zeigt uns, wie wir uns in den Stürmen des Lebens verhalten sollten: Biegsam sein, flexibel, nicht starr uns den Gewalten entgegenstemmen, sondern nachgeben, wenn es allzu garstig kommt. Und dann wieder aufrichten! Lassen wir den Baum getrost unseren Lehrmeister sein. Lassen wir die Sprache der Bäume auf uns wirken, wenn wir durch einen Wald gehen, nehmen wir uns für sie Zeit. Sie haben uns sehr viel zu sagen. Dadurch, daß wir die Haltung des Baumes üben, gewinnen wir nach und nach einen viel näheren Kontakt zum „Wesen Baum", als wir bisher hatten. Wir gewinnen sehr viel dadurch.

Der Arzt, Menschenfreund und engagierte Christ Dr. med. Wladimir Lindenberg empfiehlt, mit dieser Haltung ein Gebet zu verbinden, das heißt, es still oder halblaut zu sprechen, solange wir in der Übung verweilen, zum Beispiel das *Vaterunser*.

Immer wieder sollten wir uns erinnern: Im Grunde genommen „machen" wir die Übungen nicht, wir geben vielmehr unserem Körper eine Haltung, und dann überlassen wir uns dem Atem. Über ihn wurde bereits gesprochen. Doch ist es immer wieder gut, uns ins Bewußtsein zu rufen, daß nicht *wir* atmen, sondern daß *es* in uns atmet. Dann wird der Atem ganz von selbst ruhig, vertieft sich, findet immer wieder seinen Rhythmus. Es ist der göttliche Atem, Gottes Hauch, den er uns eingegeben hat. Mit dieser Einstellung erleben wir uns immer wieder neu, jeweils in einer anderen Körperhaltung, aber letztlich doch auch immer wieder gleich – atmend, wachsend und uns besinnend, was dieser göttliche Odem, der Atem Gottes, in uns bewirkt. In der Haltung des Baumes erlebe ich mich im reinen Sein, mich dehnend und wachsend. Wachsend – wohin? Die Antwort mag jedem in der Andacht dieser Haltung selbst kommen, besser ausgedrückt: geschenkt werden.

„Gesegnet aber ist der,
welcher sich auf den Herrn verläßt
und des Zuversicht der Herr ist.
Denn er ist wie ein Baum,
am Wasser gepflanzt..."

*(Jeremia 17, 7)*

## Die Haltung des Berges

**Ausführung**

Die Berghaltung ist in der Form, wie wir sie üben, einfach und von jedermann, ob alt oder jung, zu vollziehen.

Wir sitzen mit gekreuzten Beinen. Der Rücken ist gerade aufgerichtet, die Hände liegen locker an den Knien. Wir fühlen, wie der Atem in uns strömt, wie er uns belebt, unablässig kommt und geht und uns mit neuen Lebenskräften erfüllt.

Nun heben wir die Arme seitlich oder nach vorne, stellen die Hände auf dem Kopf zusammen, kreuzen die Daumen und nehmen die Ellbogen zurück, so daß in den Schultern eine leichte Spannung spürbar wird.

Wir atmen lange und tief aus, machen uns leer, um die Fülle in uns aufnehmen zu können.

Dann beginnen wir tief unten mit der Einatmung (wir erinnern uns immer wieder: tief einatmen bedeutet von unten nach oben!), dabei heben wir die Hände und Arme und fühlen uns in die Fingerspitzen hinein, die jetzt die Führung übernehmen. Wir erspüren die Dehnung aus dem Beckenraum heraus, in den Hüften und Flanken, im ganzen Schultergürtel, dem Rücken und der Wirbelsäule bis in die Fingerspitzen hinein. Dann öffnen wir uns dem Atem, der dabei ruhig fließt und strömt. Wir bleiben so mehrere Atemzüge lang, wobei 15 Atemzüge etwa einer Minute entsprechen. Dann lassen wir mit der nächsten Ausatmung Hände und Arme sinken. Zuletzt liegen die Hände wieder locker an den Knien. Wir sammeln unsere Aufmerksamkeit im Atem.

**Wirkungen**
Die rein körperlichen Wirkungen dieser Übung sind schnell beschrieben. Sie beziehen sich in erster Linie auf die starke Dehnung des ganzen Rumpfes, vor allem spürbar in den Flanken, aber auch im Rücken und in der Wirbelsäule, die ganz gerade nach oben wächst. Ebenso erfaßt die Dehnung die ganze Vorderseite des Rumpfes und die Bauchorgane. Der Brustkorb weitet sich für den Atem (der dadurch viel Raum gewinnt), er wird, wenn wir so wollen, „durchlüftet", ebenso die Lungen. Wir lassen uns durchatmen und erleben etwas, was uns anfangs völlig neuartig erscheinen mag: Wir *wachsen!*

Dies ist eine Erfahrung, die immer wieder Erstaunen auslöst, und es macht besondere Freude, sie den Übenden zu vermitteln, ebenso, sie selbst zu erleben. Es ist die Grenz-Überschreitung.

Übende pflegen oft zu sagen, daß sie ihre Grenzen genau kennen. „Ja", sagen sie, „wir haben doch alle unsere ganz bestimmten Grenzen, das wissen wir doch, weil wir es häufig genug erleben...". Manche fügen hinzu: „Leider." Gewiß haben wir alle unsere Grenzen, nur sind diese Grenzen sehr viel weiter gezogen, als wir gemeinhin annehmen. Wir sind nicht so begrenzt, so eingeengt, wie wir meinen. Tatsächlich haben wir sehr viel größere Fähigkeiten, „können" wir sehr viel mehr. Trauen wir unserem Schöpfer so wenig zu? Yoga ist Grenzüberschreitung, und dies wird ohne jede Überheblichkeit betont.

Wenn wir die Endhaltung in dieser Übung erreicht haben, und das bedeutet hier die *vermeintliche* Endhaltung, dann lassen wir den Atem zu. Nun beobachten wir, wie das Dehnen und Wachsen weitergeht, und zwar jedesmal, wenn der Atem in uns einströmt, vielleicht einen Millimeter weiter nach oben. Äußerlich mag das nicht erkennbar sein, aber im Innern spüren wir es genau: Wir wachsen über unsere Grenze hinaus! Wohlgemerkt, unsere angenommene Grenze. Denn wir setzen uns nur allzuoft unsere Begrenzungen selbst, oder sie werden uns schon in frühester Jugend eingeredet: „Das darfst du nicht", „das kannst du nicht" usw. Diese Übung zeigt uns auf eine einfache Art und Weise, daß wir immer noch wachsen, uns entwickeln können. Das Seltsame aber daran ist, daß wir das nicht „tun", daß es vielmehr geschieht. Es ist unser Atem, der dieses Dehnen und Wachsen bewirkt, und er bewirkt es um so besser, je mehr wir uns ihm überlassen. Diese Erfahrung ist für viele Übende neu, und sie sind sehr beeindruckt, wenn sie es zum ersten Mal erleben.

**Innere Begleitung**
Genaugenommen gehört das soeben Beschriebene bereits zur „inneren Begleitung". Auch sie läßt sich aber noch wesentlich erweitern. Während wir uns in die Haltung und den Atem hineinfühlen, stellen wir uns vor, daß wir selbst ein Berg sind, so stabil, so fest und sicher mit der Erde verbunden und doch zugleich sich nach oben erhebend und wachsend. Vertrauen erfüllt uns beim Bild eines solchen Berges, seiner Unerschütterlichkeit, seiner Erhabenheit. Ich bin einer der Berge, „von denen mir Hilfe kommt . . .". Ich konzentriere mich auf *den*, der diese Hilfe sendet, auf seinen

Geist, auf seine Liebe, auf seine Barmherzigkeit und Gnade. Atmend wachse ich zu IHM hin, indem ich mich für IHN öffne und atmend seinen Segen, seine Wahrheit erbitte.

> „Ich hebe meine Augen auf
> zu den Bergen,
> von welchen mir Hilfe kommt..."

*(Psalm 121, 1)*

## Die Kerze oder Flamme

**Ausführung**

Die Kerze oder auch Flamme ist aus der Berghaltung abgeleitet. Die Ausgangshaltung ist die gleiche: der Sitz mit gekreuzten Beinen. Es sei hier angemerkt, daß beide Übungen auch aus dem Fersensitz heraus ausgeführt werden können. Die Dehnung und das Wachsen werden jedoch intensiver empfunden, wenn wir die Sitzhaltung mit gekreuzten Beinen einnehmen.

Anstatt die Hände und die Arme zu heben, legen wir sie etwa in Nabelhöhe aneinander, also in der Gebetshaltung. Wir atmen lange und tief aus. Während nun der Atem einströmt, führen wir sehr langsam die Hände nach oben, und zwar wirklich Zentimeter für Zentimeter, unmittelbar verbunden mit dem einströmenden Atem. Nur auf diese Weise gewinnt die Übung ihre Bedeutung. Dann beginnen sich die Arme zu strecken; wir heben die Hände so lange nach oben, bis wir ganz eingeatmet und die Oberarme an den Ohren zu fühlen sind.

Nun drehen wir die Handflächen nach außen, und dann erst beginnt die Ausatmung, ebenso langsam und fein, wie die Einatmung erfolgte. Zugleich beginnen sich die Hände und die Arme seitwärts zu senken, wobei sie einen weiten Kreis bilden. Wenn wir ganz ausgeatmet sind, legen wir die Hände wieder in Nabelhöhe aneinander und wiederholen die Übung ein- bis zweimal. Zuletzt legen wir die Hände wieder an die Knie bzw. die Oberschenkel, wenn wir aus dem Fersensitz heraus geübt haben. Wir bleiben bewußt in der Haltung mit dem Bild einer Kerze oder, besser, einer Flamme hinter den geschlossenen Augen.

## Wirkungen

Wenn wir zu den Menschen gehören, die bei allem und jedem, das sie tun oder das ihnen aufgegeben wird, fragen: „Was bringt's?", sollten wir diese Übung aus unserem Repertoire streichen. Sie „bringt" körperlich nicht mehr als die Berghaltung, eigentlich sogar weniger, denn das intensive Strecken und Dehnen sowie die „Grenzüberschreitung" werden nur wesentlich schwächer erfahren. Dafür ist das innere Erlebnis um so schöner und bereichernder.

## Innere Begleitung

Wir begleiten die Haltung unseres Körpers mit der Vorstellung, wir seien eine Kerze oder Flamme oder beides zusammen. Denn Kerze und Flamme gehören zusammen wie unser Körper und unser Atem. Die Hände, die sich langsam nach oben schieben, symbolisieren das Flämmchen, das zuerst ganz klein ist, wenn es entzündet wird, dann aber wächst und immer mehr Licht ausstrahlt, bis sich ein ganzer Lichtkreis bildet. Es wird deutlich, was das kreisförmige

Sinkenlassen der Hände bedeutet: eben diesen Lichtkreis. Wir sind Licht, und wir wissen, daß die Dunkelheit ihre Herrschaft verloren hat, auch wenn nur ein winziges Flämmchen glimmt. Aus dem kleinsten Flämmchen aber vermag ein strahlendes Licht zu werden. Auch das ist wieder „Grenzüberschreitung"! Stellen wir uns vor, daß wir ein solches Flämmchen sind, und tun wir das Unsere dazu, damit daraus ein großes Licht wird, das in die Dunkelheit unserer Welt hineinleuchtet und dem einen und anderen Wesen vielleicht den Weg weist. Ist dieser Anspruch zu hoch? Ist nicht gerade dies mit eine der wichtigsten und schönsten Aufgaben und Aufträge an uns Menschen, anderen ein Licht zu werden und zu sein? Und greifen wir dabei nicht gleich allzu hoch über uns! Wie sagt ein arabisches Sprichwort? „Kannst du kein Stern am Himmel sein, dann sei eine Lampe im Haus!"

Schenken wir unserer Seele aber noch ein anderes Bild: das Bild der Kerze. Es sollte uns sehr nahe sein, denn die Kerze ist tatsächlich eines der sinnigsten Symbole für unser Mensch-Sein. Das Bild der Kerze in ihren verschiedenen Werdestufen und Erscheinungsformen ist auch zugleich eine sinnvolle Meditationsübung, die wir mit der Haltung der Kerze oder Flamme verbinden können.

Wenn eine Kerze entsteht, dann ist da zunächst der reine Kerzen-Körper, der sogenannte Rohling. Ein gutes Wort! Er ist noch ohne jeden Inhalt. Auch unser eigener Körper wäre nichts weiter als ein solcher „Rohling", wenn da nicht noch einiges hinzu käme. Gehen wir weiter in der Gestaltung der Kerze. Durch ihre Mitte hindurch zieht sich der Docht. Er ist vergleichbar mit unserer Seele. Nun wird die Kerze zur wirklichen Kerze, sie bekommt einen Sinn. Aber wir lassen die Kerze nicht einfach so, wie sie jetzt vor uns steht. Sie soll ja etwas darstellen, sich aus den anderen Kerzen herausheben, etwas Besonderes sein. Daher schmücken wir sie, verzieren sie. Vielleicht nur ganz einfach mit einem schlichten Ornament, Buchstaben, oder was immer wir wollen. So wird nach und nach eine Schmuck-Kerze daraus, ein recht prunkvolles Stück mit viel Blau und Gold und anderen Farben, ein König unter den Kerzen. Oder eine Altarkerze. Würden sie denken können wie wir Menschen, dann würden sich solche Stücke ganz sicher weit erhaben fühlen über eine einfache Küchenkerze. Und wie groß wäre doch der Irrtum! Ist nicht eine Küchenkerze, die entzündet wird, sehr viel mehr wert als ein Kerzenkönig, der sein Leben lang in einem Regal steht und langsam verstaubt? Und damit kommen wir zum Wesentlichen unserer Übung: Die Kerze muß ihren Sinn erfüllen. Und ihn erhält sie nur dadurch, daß sie brennt, daß sie Licht spendet, die Nacht durchbricht!

Doch sie vermag nicht aus sich selbst heraus zu leuchten. Es muß eine Hand kommen, die ein Streichholz an ihren Docht, ihre „Seele", hält. Erst jetzt ist die Kerze tatsächlich eine Kerze, ohne Blick darauf, ob sie eine einfache Arbeitskerze ist, ein vornehmes Schmuckstück, eine Altarkerze oder gar ein „König" mit viel Rot und Gold. Ist es nicht genau so mit uns Menschen? Sollen wir nicht ebenso brennen und leuchten? Gewiß, dabei verbrennen wir wie die Kerze. Aber wir spenden Licht, wir bringen ein Leuchten in unsere Welt. Sollen wir statt dessen irgendwo vor uns hin dösen und dabei verstauben? Bis wir eines Tages unansehnlich geworden sind und in der Mülltonne landen? Wem dieses Bild als störend erscheint, der möge mir verzeihen. Es ist eine Anregung zum Üben, vielleicht ein Inhalt für unsere Meditation. Vielleicht ein ganz kleiner Impuls ...

„Mache dich auf,
werde Licht;
denn dein Licht kommt,
und die Herrlichkeit des Herrn
geht auf über dir!"

*(Jesaja 60, 1)*

## Die Haltung des Fisches

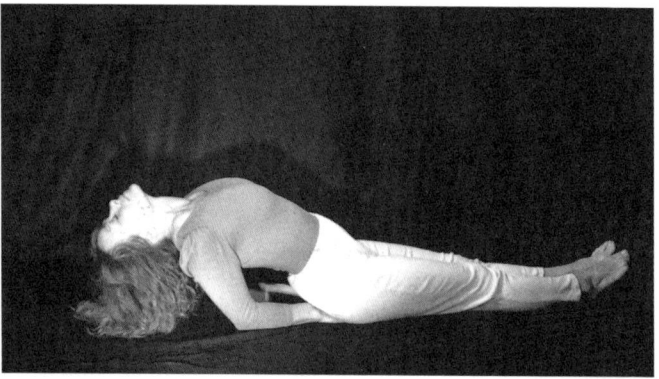

**Ausführung**
Die Haltung des Fisches zählt zu den klassischen Yoga-Asanas. Es ist eine Übung mit mancherlei Vorzügen und körperlichen Wirkungen, die uns zugute kommen, wenn wir einige Besonderheiten dieser Haltung beachten. Denn wo eine positive Wirkung ist, ist sehr oft auch eine negative vorhanden, dann, wenn wir einen Fehler machen oder uns selbst zu wenig kennen bzw. vorhandene Schwächen nicht beachten. Diese Wiederholung ist sehr wichtig! Wir legen uns auf den Rücken und fühlen uns in dieser Haltung in unseren Körper hinein. Dazu nehmen wir uns stets Zeit, denn die Vorbereitung auf eine Übung gehört mit zum Wichtigsten. Wir sollten diese Erkenntnis, welche uns das Üben vermittelt und vielleicht nach und nach in Fleisch und Blut übergehen läßt, auch in unserem Alltag anwenden. Eine Tätigkeit, die wir sorgfältig vorbereitet haben, wird uns ganz gewiß besser gelingen als eine, in die wir „hineingefallen" sind. Deshalb auch immer wieder der Hinweis: Wir fallen nie in eine Übung hinein, sondern bereiten uns auf sie vor, indem wir gründlich ausatmen und uns so frei und bereit machen.

### Die Haltung des Fisches

Nun schieben wir die Hände, die Handflächen nach oben, unter das Gesäß und nehmen die Ellbogen so nahe wie möglich zusammen. Die Beine sind gestreckt und liegen dicht beieinander. Dann atmen wir aus. Tief einatmend drücken wir die Ellbogen fest gegen den Boden, wodurch sich der Rücken wölbt und vom Boden abhebt. Den Kopf lassen wir mehr oder weniger stark nach hinten sinken, so daß sich die Vorderseite des Halses dehnt, während die Nackenpartie komprimiert wird. In dieser Haltung bleiben wir einige Atemzüge lang. Es gilt zu beachten, daß der Rücken nicht auf dem Boden liegt, sondern der Hinterkopf das Gewicht des Körpers trägt – zusammen mit den Füßen, den Beinen und dem Gesäß, versteht sich.

Wir lösen die Haltung auf, indem wir zuerst das Kinn langsam an die Brust heranziehen, dann den Rücken auf den Boden sinken lassen und als letztes spürbar loslassen, wobei wir immer wieder deutlich spüren, wie die Füße lokker auseinanderrollen. Ruhig weiteratmend überlassen wir uns der Lösungswelle, nachdem wir die Arme neben den Körper gelegt haben oder die Hände unter dem Gesäß lassen, wenn wir die Haltung wiederholen wollen.

Eine zweite Art der Ausführung geschieht auf folgende Weise: Wir sitzen mit gekreuzten Beinen oder im halben oder ganzen Lotussitz. Dann stellen wir zuerst die rechte Hand hinter das Gesäß auf den Boden, sodann die linke Hand. Nun lassen wir uns langsam auf die Ellbogen sinken, nehmen dann die Ellbogen vom Boden weg und legen den Kopf in den Nacken. Zuletzt lassen wir uns auf den Hinterkopf sinken, lösen die Hände vom Boden und legen sie entweder in die Leistenbeuge oder aufs Sonnengeflecht. Wir atmen ruhig und tief mit der Einstellung: Es atmet in mir. Die Rückkehr aus der Haltung geschieht wieder Schritt für Schritt: Zuerst das Kinn an die Brust heranziehen, so daß sich Nacken und Schilddrüse entspannen, dann den Rücken zum Boden sinken lassen, die

Beine strecken und nebeneinander und zum Schluß auch die Arme neben den Körper legen. Dann lassen wir wieder los.

**Wirkungen**
Diese Übung weitet sehr stark den Brustkorb und läßt den Atem frei strömen und fließen. Im „Haus" unseres Körpers werden alle Räume gut durchlüftet, und wir stellen uns vor, wie der Atem sich ganz neue Wege und Bahnen sucht, wobei wir uns ihm immer mehr öffnen und durchlässig werden. Es versteht sich von selbst, daß von dieser Durchlüftung auch die Lungen bis in die Lungenspitzen hinein profitieren, ebenso wie die Bronchien. Bei Darmträgheit ist diese Übung sehr zu empfehlen, auch bei Rundrücken, für Menschen mit Hohlkreuz ist sie allerdings weniger geeignet. Rücken- und Bauchmuskeln werden gestärkt, und die Wirbelsäule wird elastisch. Das Sonnengeflecht, dieses wichtige Nervenzentrum zwischen Brustbeinende und Nabel, wird entspannt. Durch die starke Rückwärtsneigung des Kopfes werden die Hirnanhang- und die Zirbeldrüse angeregt, durch die Dehnung des Halses die Schilddrüse stimuliert. Eine verstärkte Durchblutung der Unterleibsorgane wird erzielt, wenn wir in der zweiten beschriebenen Weise üben, also mit übereinandergelegten Beinen (halber oder ganzer Lotussitz, auch aus dem Schneidersitz heraus ergibt sich eine positive Wirkung auf den Unterleib).

**Wichtiger Hinweis**
Menschen mit einer Überfunktion der Schilddrüse sollten diese Übung meiden, wenn sie nicht sehr ausgeprägt ist, zumindest nicht lange in der Haltung bleiben und den „Fisch" auf keinen Fall in die tägliche Übungsreihe aufnehmen. Auch bei einem Schaden der Halswirbelsäule müssen wir sehr vorsichtig sein, eventuell auf die Übung ganz verzichten. Auf solche Hinweise wird oft leider zu wenig Wert gelegt bzw. es wird ganz darauf verzichtet, was zu nachhaltigen Störungen und Schädigungen führen kann. Wir müssen

stets berücksichtigen, daß das, was dem einen guttut, einem anderen schaden kann. Viele Menschen wissen nichts von einer Störung ihrer Schilddrüsenfunktion. Sie sollten aufmerksam werden, wenn sie nach der Übung im unteren Halsbereich ein Spannungsgefühl empfinden. Das sollte noch nicht beunruhigen; es ist noch lange keine Krankheit, wenn ein solches Spannen spürbar wird. Aber Vorsicht ist dann bei allen Übungen geboten, bei denen der Kopf stark in den Nacken gelegt wird.

**Innere Begleitung**
Die Haltung des Fisches bietet sich für eigene Deutungen besonders an. Der Fisch zählt zu den ältesten christlichen Symbolen. Auf Gemmen, die aus dem 2. bis 4. Jahrhundert überliefert sind, taucht er immer wieder auf; zusammen mit Taube und Anker, mit Anker, Taube und Palmen, mit Ölzweig und Hirtenstab und im Christusmonogramm mit Taube und Ölzweig. Der Fisch, griechisch = Ichthys, wird gedeutet als J(esus) Ch(ristos) th(eou = Gottes) y(ios = Sohn) S(Soter = Retter).

In dieser Haltung öffnen wir uns, und geöffnet, offen sein, ist das Tor zur Erfahrung. Dafür ist diese Haltung ein sehr gutes Symbol: Wir sind ganz weit, vorbehaltlos geöffnet. Und wir müssen uns öffnen, wenn wir Erfahrungen machen wollen. Denn sie sind allgegenwärtig, nur verschließen wir uns ihnen allzu oft. Offen sein – das ist das ganze „Rezept", mehr können wir im Grunde genommen gar nicht tun. Yoga gibt uns mit dem „Fisch" das Rezept in die Hand, wie wir uns öffnen können, und geht dabei sehr systematisch vor: über den Körper, den wir in eine Haltung bringen, über den Atem, dem wir uns überlassen und dem wir die Führung anvertrauen, und das Bewußtsein, das dem Atem folgt, ihn beobachtet, und dem Atem und dem Bewußtsein folgt die Energie, die ungehindert in uns einzuströmen vermag. Lassen wir es also geschehen! Lassen wir uns mehr und mehr öffnen, überlassen wir das immer offener und weiter

Werden unserem Atem! Stehen wir uns nicht selbst im Wege, blockieren wir uns nicht selbst. Es wurde schon im Zusammenhang mit der Berghaltung erwähnt: Unsere Grenzen sind bei weitem nicht so eng gezogen, wie wir oft meinen. Sagen wir einfach „ja" zu dem, was jetzt ist, was jetzt geschieht. Vertrauen haben und bereit sein zu neuen Erfahrungen – das ist die Voraussetzung für unsere Entwicklung und Reifung. Wir werden immer wieder erkennen, wie sehr uns dabei unsere Yogaübungen unterstützen, vorausgesetzt, wir üben mit Freude und mit viel Geduld, denn erst durch Geduld stellt sich Erfahrung ein.

„Gott offenbart,
was tief und verborgen ist;
er weiß, was in der Finsternis liegt,
denn bei ihm ist lauter Licht."

*(Daniel 2, 22)*

## Die Alle-Glieder-Haltung

**Ausführung:**
Der Name dieser Übung klingt merkwürdig, aber er trifft genau das, was sie bewirkt: Der ganze Körper wird von dieser Haltung sehr stark beeinflußt, alle Glieder sind daran beteiligt, vom Scheitel bis zu den Fußsohlen. Das trifft zwar auch auf andere Yoga-Haltungen zu, doch wird es in dieser Übung vielleicht am deutlichsten. Sie wird aber auch als Kerze oder als Schulterstand bezeichnet, und auch diese beiden Namen sind einleuchtend. „Kerze" deswegen, weil der Körper in der Endhaltung so gerade sein sollte wie eine Kerze. Allerdings haben wir bereits eine andere Übung in unsere Reihe so benannt, und deshalb werde ich „Kerze" für die Beschreibung der jetzigen Übung nicht mehr verwenden, „Schulterstand" aus dem Grund, weil das Hauptgewicht des Körpers auf den Schultern ruht.

Diese Haltung ist manchen, vor allem Anfängern, oft etwas zu schwer. Sie können sich dann mit der einfachen Umkehrhaltung begnügen, welche die gleichen Wirkungen hat, wenn auch in etwas schwächerer Form. Diese leichtere Art wird anschließend beschrieben.

Bei der Alle-Glieder-Haltung nehmen wir zunächst die

Rückenlage ein und überlassen uns ganz dem Boden. Wir tun das wie immer in einer Entspannungslage, atmend und mit der gesammelten Aufmerksamkeit in der Atemmitte. Denn nur dann fühlen wir, wie sich immer noch Spannungen lösen und wie der Körper immer noch schwerer wird und „tiefer sinkt".

Dann atmen wir lange und tief aus. Langsam einatmend ziehen wir die Fersen nahe ans Gesäß heran (wichtig vor allem bei Hohlkreuz und Bandscheibenschaden!), wobei wir die Fußsohlen ebenso wie den tiefen Rücken noch fest am Boden halten. Nun beginnt die Ausatmung, zugleich heben wir die Beine gebeugt, dann etwas das Gesäß, stützen die Hände in die Hüften und unterstützen mit ihnen die Aufrichtebewegung des Rumpfes. Zuletzt heben wir auch den Rücken und stützen die Hände in die Rippen, wobei es sich empfiehlt, die Hände nahe beieinander zu halten. Dadurch erhält der Rücken eine feste Stütze. Die Beine werden in die Senkrechte gehoben, die Füße entspannt, also nicht bis in die Zehenspitzen gedehnt. Das Kinn sollte dicht am Brustbein liegen, der Nacken spürbar gedehnt sein. Um Kinn und Brustbein nahe zueinander zu bekommen, heben wir den Rumpf noch ein wenig stärker an. Und nun überlassen wir uns wieder ganz dem Atem.

Bei der einfachen Umkehrhaltung verzichten wir darauf, den Rücken zu heben, sondern lassen die Beine gestreckt in einem Winkel von ca. 45 Grad über den Kopf sinken. Die Hände lassen wir in den Hüften als leichte Stütze; wir können sie aber auch neben den Körper oder über den Kopf auf den Boden legen, sobald wir spüren, daß wir auf den Schultern sicher und leicht „schweben". Dabei fühlen wir wieder ganz deutlich die leise Bewegung unseres Atems. Bei der Rückkehr folgt wieder Schritt auf Schritt: Zuerst lassen wir die Beine weiter über den Kopf sinken, wobei wir einfach dem Gewicht der Füße nachgeben. Sie lassen wir auch die Endhaltung suchen, und das ist immer *die* Haltung, die gerade jetzt für uns richtig ist. Es kann also sein, daß unsere

Beine so weit über den Kopf sinken (nach Möglichkeit gestreckt), bis die Zehenspitzen hinter dem Kopf den Boden berühren. Das ist dann die sogenannte Pflughaltung. Es mag aber auch sein, daß die Füße in halber Höhe stehenbleiben oder einige Zentimeter über dem Boden verharren, das ist dann natürlich ebenso richtig. Auf gar keinen Fall überziehen wir. Atmend lassen wir die Beine sinken, indem wir über den Rücken abrollen (wir stellen uns vor, wie er ganz lang und rund dabei wird) und fühlen, wie sich ein Wirbel nach dem anderen auf den Boden zurücklegt. Am besten lassen wir die Beine gebeugt sinken, also genau so, wie wir auch in die Haltung hineingegangen sind. Und genau so bedachtsam, genau so kontrolliert und beherrscht. Und immer daran denken: Zeit lassen! Gerade bei dieser Übung und bei der Rückkehr in die Rückenlage. Wenn Beine und Arme wieder auf dem Boden liegen und wir den festen Bodenkontakt des Körpers fühlen, lassen wir los und schauen wieder unserem Atem zu. Diese Übung wiederholen wir nicht, wir können aber dafür, wenn sie uns gut bekommt, durchaus länger in ihr verharren, also zwei oder drei oder fünf Minuten oder auch mehr. Grundsätzlich gilt: Wir bleiben in jeder Übung, gleichgültig, welche es auch immer ist, nur so lange, als sie uns guttut. Sonst kehren wir sofort zurück und nehmen eine Entspannungshaltung ein.

**Wirkungen:**
Die Alle-Glieder-Haltung macht ihrem Namen alle Ehre. Ihre Wirkungen sind so vielseitig, daß sie nicht alle aufgezählt werden sollen. Die wichtigsten: Die Beine werden stark fühlbar entlastet, venöses Blut fließt ab, und dies ist für Menschen, die den Tag über viel stehen, eine besondere Wohltat, sie sollten diese Haltung unbedingt täglich am Abend einnehmen. Für Menschen mit Krampfadern ist sie ebenso wichtig; wenn wir mit nackten Beinen üben, läßt sich häufig beobachten, wie die geschwollenen Adern in Sekundenschnelle abschwellen und unsichtbar werden. Freilich er-

scheinen sie alsbald wieder, wenn wir uns auf die Beine stellen. Doch die Venenwände werden durch dieses Abschwellen elastischer gehalten. Auch der ganze Beckenraum und Bauchteil werden entstaut. Die Funktion der Hormondrüsen wird angeregt, die Schilddrüse wird günstig beeinflußt. Das Gehirn wird gut durchblutet, was der Denkfähigkeit zustatten kommt. Die Übung wird bei Atembeschwerden der verschiedensten Art empfohlen, ebenso bei Harn- und Menstruationsbeschwerden. Der ganze Körper wird erfrischt.

Manche Menschen haben Schwierigkeiten, den Rücken zu heben. Im allgemeinen gelingt dies nach einiger Zeit. Wenn nicht, können wir auch in der Art üben, daß der Rücken auf dem Boden bleibt, ebenso beide Arme neben dem Körper, und wir abwechselnd einmal das rechte und dann das linke Bein so senkrecht wie möglich heben und dabei atmen.

Es kann sein, daß, etwa bei starkem Hohlkreuz, bei der Rückkehr aus der Haltung der tiefe Rücken zu schmerzen beginnt. Dann legen wir die Beine nicht sofort gestreckt auf den Boden, sondern lassen sie gebeugt und setzen die Fußsohlen auf den Boden. Dabei drücken wir den tiefen Rücken fest an den Boden heran, eventuell, indem wir das Gesäß etwas anheben oder die Gesäßmuskeln einige Male anspannen und wieder loslassen. Nach einer Weile lassen wir zuerst den einen Fuß, dann den andern langsam nach vorne gleiten, bis beide Beine gestreckt auf dem Boden liegen.

Vorsicht ist geboten bei Schäden an der Halswirbelsäule und bei zu hohem Blut- bzw. Augendruck, ebenso bei starker Kurzsichtigkeit.

**Innere Begleitung:**
In der Alle-Glieder-Haltung erlebe ich mich wirklich als Ganzes, als eine Einheit vom Scheitel bis zu den Füßen, und als Ganzes bringe ich mich ein in den Dienst, der mir aufge-

tragen ist, gleichgültig, ob es ein großer Dienst ist oder ein ganz kleiner. Tatsächlich gibt es die Unterschiede „groß" oder „klein" überhaupt nicht. Wichtig, und zwar gleich wichtig, ist stets das, was zu tun ist. Ohne das Kleine, das Allerkleinste, gäbe es nichts Großes und umgekehrt, eines bedingt stets das andere. Das wird allzuleicht und allzuoft vergessen. Das Ganzheits-Erlebnis, dies wird immer wieder bestätigt, ist besonders stark zu empfinden, wenn wir in der Alle-Glieder-Haltung länger verweilen. Unser Körper mag uns dann wie eine Röhre erscheinen, die senkrecht auf den Boden gestellt worden ist und die vom Atem durchströmt wird. Dabei fließt der Atem ganz leicht, ganz regelmäßig ein und aus, wir beeinflussen ihn nicht, sondern lassen ihn einfach geschehen.

„Es sind mancherlei Gaben,
aber es ist *ein* Geist.
Und es sind mancherlei Kräfte,
aber es ist *ein* Gott,
der da wirkt alles in allem . . ."

*(Johannes, 4, 24)*

## Die Entspannung

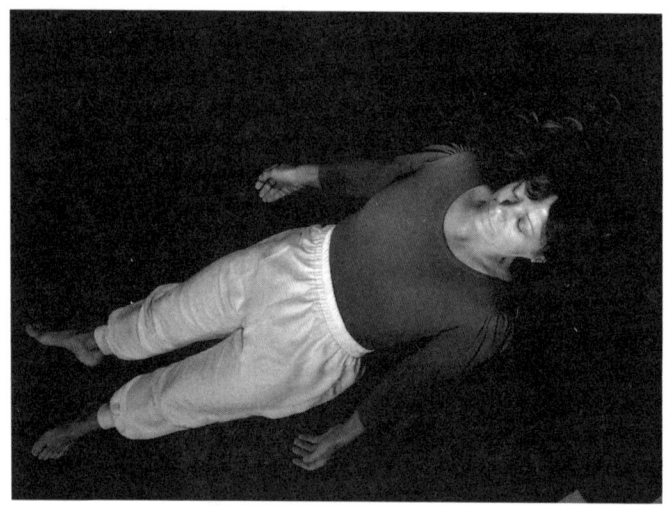

**Ausführung:**
Die Entspannung wird von vielen als die wichtigste Übung überhaupt angesehen. Im Yoga steht sie ganz oben an. Aus der Yoga-Entspannung heraus haben sich viele spezielle Entspannungs-Techniken entwickelt. Sie ist in der Tat nicht nur vielen Menschen zu empfehlen, sondern geradezu lebensnotwendig.

In einer Yoga-Übungsreihe steht die Entspannung entweder am Anfang oder am Ende der Körper-Haltungen, im Idealfall „rahmt" sie diese ein, d. h., sowohl zu Beginn wie zum Schluß wird entspannt. Es kann so gehalten werden: Wenn wir am Morgen üben, also nach dem Aufstehen, dem Waschen und Duschen, brauchen wir die Entspannung nicht, denn dann haben wir ja den – hoffentlich – entspannenden Nachtschlaf hinter uns. Unbedingt notwendig ist sie aber zu jeder anderen Zeit des Tages, also gleichgültig, ob unsere Übungsstunde am Vormittag, am Nachmittag oder am Abend auf dem Programm steht. Dann sollten wir versuchen, die Übungsreihe mit einer Entspannung von wenigstens fünf Minuten zu beginnen und sie mit einer ebenso langen, wenn möglich auch längeren Entspannung zu beenden.

*Nur* Entspannung zu üben, kann sicher recht gut sein. Wir dürfen aber nicht vergessen, daß unser Leben wenig sinnvoll, ja eigentlich gar nicht möglich wäre, wenn es nur aus Entspannung bestünde. Spannung und Entspannung bedingen einander gegenseitig, ohne das eine ist das andere sinnlos. Erst der Wechsel zwischen Spannung und Entspannung macht unser Leben aus. Es wird heute oft vergessen, daß eine gesunde Spannung fester Bestandteil unseres Daseins ist und sein muß. Wer immer nur das Wort „Entspannung" im Munde führt, scheint dies vergessen zu haben. Je mehr wir uns aber nach ihr sehnen, desto wichtiger ist sie für uns, der Körper fordert sie ein, und wir werden alsbald die Folgen zu spüren bekommen, wenn wir die Signale unseres Körpers mißachten. Jeder kennt sie, es muß nicht extra darüber gesprochen werden.

Es gibt viele Möglichkeiten, sich zu entspannen. Das sogenannte autogene Training ist besonders bekannt geworden, ebenso die Eutonie. Für den Yoga-Übenden ist sie eine Selbstverständlichkeit und „liebe Gewohnheit". Je mehr sie uns zur täglichen Gewohnheit wird, desto besser für unsere körperliche und seelische Gesundheit.

Die wichtigste Entspannungslage im Yoga ist die Rückenlage. Auf das *Wie* wurde zwar schon im Zusammenhang mit den Übungsbeschreibungen eingegangen, doch soll es hier noch einmal ausführlicher dargestellt werden. Liegen kann zwar jeder, die Frage ist nur, ob er auch richtig liegt. Die Praxis zeigt, daß dies nicht stets der Fall ist. Wie heißt es doch? „Wie ich mich bette, so liege ich."

Wir „betten" uns nicht, wenn wir mit der Entspannung beginnen; wir würden alsbald einschlafen, und das wäre nicht der Sinn der Sache. Wir liegen aber bequem, denn es sollen Spannungen abgebaut und nicht aufgebaut werden.

Auf einer weichen Decke auf dem Boden zu liegen, bereitet uns keine Schwierigkeiten, wenn wir eine gesunde und wohlgeformte Wirbelsäule besitzen. Sehr viele haben das Glück nicht. Sie haben vielleicht ein Hohlkreuz. Dann legen Sie ein kleines Kissen oder eine zusammengefaltete Decke unter die Knie oder die Oberschenkel. Dadurch wird der Rücken fester an den Boden gedrückt. Im Notfall, wenn Sie allzu große Beschwerden empfinden, stellen Sie die Füße auf den Boden. Doch beeinträchtigt dies die Entspannung, und es sollte ein Ausnahmefall sein.

Wir achten darauf, daß der Hals nicht gedehnt, der Nakken nicht gepreßt sind, was der Fall ist, wenn der Kopf zu weit im Nacken liegt. Wir ziehen also das Kinn etwas an die Brust heran und lassen dann wieder los. Die Arme liegen weich und gelöst neben dem Körper, die Beine sind leicht gespreizt.

Nun schließen wir die Augen und bewegen uns nicht mehr. Wer eine Gruppen-Entspannung ansagt, erlebt immer wieder ein Phänomen: Kaum hat er die Worte ausgesprochen: „Wir bewegen uns jetzt nicht mehr", hebt da und dort jemand die Hand, um sich zu kratzen, über die Stirn zu streichen, ein Haar aus dem Gesicht zu entfernen oder sonst irgend etwas zu tun. Die Anweisung, sich nicht mehr zu bewegen, löst also geradezu einen Bewegungsimpuls aus. Der Körper wehrt sich gegen die „Zumutung". Natürlich, er will aktiv sein, den ganzen Tag über wird ihm dies erlaubt, ja, er ist darauf gedrillt, und nun plötzlich darf er es nicht mehr. Er begehrt auf.

Wie reagieren wir darauf? Ganz einfach – indem wir loslassen. Und zwar das, was am Anfang jeder Bewegung steht: den Impuls dafür. *Loslassen* – das ist überhaupt das Zauberwort. Es ist das A und O der Entspannung.

Und so lassen wir nun den ganzen Körper los, wir lassen ihn schwer werden, überlassen uns ganz dem Boden. In der Stille des Körpers fühlen wir den Atem, und auch ihn lassen wir so, wie er jetzt ist. Wir fühlen uns in ihn gewissermaßen hinein, lassen *Es* in uns atmen, greifen nicht in seinen Rhythmus ein, auch dann nicht, wenn er noch sehr unruhig ist. Wir beobachten ihn, und dabei merken wir, wie sich der beobachtete Atem vertieft, ganz von alleine ruhig wird. So liegen wir eine Weile und nehmen uns einfach wahr. Nichts sonst. Alles andere mag zuweilen einfach sein, mehr oder weniger jedenfalls. Dieses „nichts sonst" ist schwer, denn es verlangt von uns vollkommene Passivität.

Doch wir kommen unserem Körper etwas entgegen, wir beginnen, etwas zu „tun". Wir sagen uns selbst die weitere Entspannung an. Das geschieht in der Art, daß wir unsere Aufmerksamkeit anweisen, sich den Füßen zuzuwenden. Wir fühlen sie einen Moment deutlich, lenken den Atem zu ihnen, spüren, wie sie schwer auf dem Boden liegen, besonders deutlich empfinden wir die Auflage der Fersen auf dem Boden. Dann lassen wir wieder los. Wir wandern langsam nach oben, fühlen die Waden und ihre Auflage auf dem Boden, die Knie, die Oberschenkel, eins hübsch langsam nach dem andern, die Hüften, dann das Gesäß. Hier können wir immer noch mehr loslassen.

Sodann lenken wir die Aufmerksamkeit in den ganzen Rücken, empfinden seine Schwere, seine breite Auflage auf dem Boden, wir lassen ihn noch schwerer werden, lassen ihn los. Die Schultern spüren wir, wie sie auf dem Boden liegen, und auch hier können wir immer noch verbliebene Spannungen lösen. Sind doch die Schultern ein ganz besonders „neuralgischer" Punkt. Von den Schultern lenken wir die Aufmerksamkeit in die Oberarme, dann die Ellbogen, die wir auf dem Boden spüren, die Unterarme, die Handgelenke und die Finger bis in die Fingerspitzen. Dann wandern wir mit unserer Aufmerksamkeit zum Kopf, den wir wie eine schwere Kugel auf dem Boden fühlen, und wir lassen ihn noch mehr los. Ebenso das ganze Gesicht, die Augenpartie, die Partie um den Mund, Gaumen, Zunge und Unterkiefer, den Hals, den Brustkorb lassen wir in den Atem hinein los, und zuletzt ist unsere Aufmerksamkeit wieder dort, wo wir die leise Bewegung unseres Atems am deutlichsten spüren: im tiefen Bauchteil. Der Kreis hat sich geschlossen. Unser Körper ist während dieser „Wanderung" spürbar schwerer geworden, weil sich viele Spannungen gelöst haben. Der Atem fließt freier und mit ihm die Körperenergien. Alle Bereiche und die Organe werden dadurch besser mit Blut versorgt. Wir bleiben noch kurz bei der Beobachtung des Atems, im sogenannten Atembewußtsein. Dann atmen wir einige Male tief aus und ein, heben die Arme gestreckt über den Kopf, dehnen und strecken uns, und setzen uns dann langsam auf. Wenn wird die Entspannung zum Schluß unserer Übungen genossen haben, dann schließen wir eine Meditation an.

**Wirkungen**
Es ist nicht nötig, über die Wirkungen der Entspannung noch Besonderes zu sagen. Das Wichtigste wurde bereits erwähnt. Der ganze Körper, alle inneren Organe, das ganze Nervensystem profitieren davon. Sie spüren das selbst nach kurzer Zeit. Die Gedanken kommen zur Ruhe, und die lösende Wirkung wirkt tief bis in Ihr Gemüt und Ihre Seele hinein. Noch ein Hinweis: Wenn Sie, vielleicht in einer Schule oder Gruppe, andere Arten der Entspannung, eine etwas andere Reihenfolge oder andere Worte und Begriffe gelernt haben, dann bleiben Sie beim Gewohnten. Jede Art der Ausführung ist gut, d. h., Sie müssen es selbst beurteilen, ob sie für Sie gut ist.

**Innere Begleitung**
Die innere Einstellung ist sehr einfach: Ich lasse los. Ich werde still. Ich lasse los, überlasse mich, voll Vertrauen, *dem*, der mich führt, der über mich wacht, der weiß, was gut für mich ist und wovon ich lassen soll. Lassen soll ich ganz gewiß vor übertriebenem Aktionismus, vor dem Überall-dabei-sein-Wollen, dem „Hansdampf-in-allen-Gassen-Sein". Das bedeutet nicht, in Passivität zu versinken,

phlegmatisch zu werden. Ganz im Gegenteil: Nur in der Stille und Ruhe des Körpers ereignet sich Regeneration, erneuern sich die Kräfte, sammeln sich neue Energien an. Vielleicht kommen uns gerade in der tiefen Entspannung plötzlich Ideen, Lösungen für Probleme, mit denen wir uns bisher vergeblich herumgequält haben. Das ist gar keine so seltene Erscheinung. „Den Seinen gibt's der Herr im Schlafe", dieses Wort aus der Bibel wird oft fast spöttisch zitiert. Dabei beinhaltet es eine grundlegende Wahrheit. Wir schlafen zwar nicht in der Entspannung, wir kommen aber zuweilen in einen Zustand zwischen Wachsein und Schlaf, den sogenannten Alpha-Zustand, in dem die Gehirnwellen im Vergleich zum Wach- oder Schlafzustand anders verlaufen. Auf das nähere „Wie" oder „Warum" wollen wir hier nicht eingehen, darüber gibt es extra Literatur und Übungssysteme.

Es ist auch möglich, daß Ihnen plötzlich mitten in der Entspannung eine Gedanke kommt, der Ihnen so wichtig erscheint, daß Sie ihn unbedingt festhalten wollen. Wenn dieser Wunsch sehr stark ist, dann sollten Sie es tun. Aber wie? Wenn Sie den Gedanken festhalten, ist es mit der Entspannung natürlich aus. Richten Sie sich langsam auf, am besten von rechts nach links, und greifen Sie zu einem Schreibstift und einem Stück Papier. Notieren Sie den Gedanken, und dann legen Sie sich wieder zur Entspannung nieder. Sie werden sehr schnell in sie zurückkehren und empfinden eine tiefe Freude. Ich kenne Menschen, die für solche Fälle jeweils, ehe sie sich niederlegen, einen kleinen Block und einen Schreiber in greifbare Nähe legen.

In der Entspannung üben wir Vertrauen. Wir können nicht wirklich loslassen, ohne zu vertrauen, daß da etwas sehr Großes ist, *dem* wir vertrauen dürfen. Dieses Große ist für uns Gott, unser Schöpfer und Vater. Wir können also nicht fallen, und wenn je einmal doch, dann allein in seine Hand. Wir wissen, und wir dürfen uns dies innerlich sagen: „Ich bin getragen. Ich kann loslassen. Ich kann nicht fallen.

Ich bin gewollt. Ich bin geliebt..." Verbinden Sie diese innerlich gesprochenen Worte mit Ihrem Atemrhythmus. Lassen Sie sie ganz tief in sich hineinsinken, bis sie in Ihrer Seele heimisch werden. Ihre Seele wartet darauf, sie öffnet sich in der vollkommenen Ruhe, und je stiller es in Ihren Gedanken, in Ihrem ganzen Kopf wird, desto offener wird sie. „Lobe Gott, meine Seele, und vergiß nicht, was er dir Gutes getan hat", singt der Psalmist. Die Menschen früherer Zeiten wußten, worauf ihre Seele wartete – darauf, daß sie sich ihr zuwandten, mit ihr sprachen, ihr lichterfüllte Inhalte schenkten. Sie lasen in diesem Buch die Formulierung: „Wir schenken unserer Seele ein Bild." Darum geht es. Und wir schenken ihr Worte. Sie sind Speise für die Seele. Sie dankt es Ihnen. Sie sind ein anderer Mensch, wenn Sie Ihre Seele neu entdeckt haben. Ein Weg, sie zu finden, ist der Weg der Entspannung.

> „Ringet danach,
> daß ihr stille seid..."
> *(1. Thessalonicher 4, 11)*

## Der „Gruß an die Sonne"

Wenn wir Yoga als einen Weg darstellen, der für Christen nicht nur gangbar ist, sondern sich von seinen verschiedenen Übungsmethoden und seiner Zielsetzung her geradezu anbietet, dann darf der „Gruß an die Sonne" nicht ausgelassen werden.

Diese Übungsreihe lautet in der deutschen Übertragung des Sanskritnamens „Surya Namaskar = Sonnengebet". Dies ist für Kritiker Anlaß, ihre warnende Stimme zu erheben. Hier, so wird gesagt, dringt uralter heidnisches Brauchtum durch; die Anbetung der Sonne als einer Gottheit. Zumindest dieser Auffassung kann ein Christ nicht folgen.

Es kann manches dagegen eingewendet werden. Der gläubige Hindu, der das „Sonnengebet" übt, wendet sich dazu am frühen Morgen der aufgehenden Sonne zu. Er versteht sie als Spenderin des Lebens und verneigt sich in Dankbarkeit vor ihr. Damit „betet" er nicht die Sonne an. Vielmehr sieht er in ihr ein Symbol für das Göttliche schlechthin. Die Sonne verkörpert für ihn auf der materiellen Ebene die Schöpferkraft, die alles Leben überhaupt erst möglich macht. Das sollte gerade von uns Christen nachvollzogen werden können. In alten Überlieferungen wird Christus oft als Sonne dargestellt; „Christus-Sol", die „Christus-Sonne", ist ein sehr altes Symbol. Im Alten wie im Neuen Testament wird die Sonne oft erwähnt. So singt der Psalmist: „Denn Gott der Herr ist Sonne und Schild..." (Psalm 84, 12), nach Matthäus 13, 43 werden „die Gerechten leuchten wie die Sonne in ihres Vaters Reich", in Matthäus 17, wo von der Verklärung Jesu berichtet wird, heißt es: „Und er wurde verklärt vor ihnen, und sein Angesicht leuchtete wie die Sonne, und seine Kleider wurden weiß wie das Licht." Die „Christus-Sonne" soll den Menschen aus seinem Innersten heraus erfüllen und über ihn hinausstrahlen. Nach diesem Verständnis führen Etymologen, die sich mit den tieferen Bezügen der Worte und Begriffe auseinandersetzen, unser Wort „gesund" auf das Stamm-Wort „gesonnt" zurück. Ein Mensch, der „gesonnt" oder „durchsonnt" ist, ist demnach „gesund".

Nun zum „Gruß an die Sonne" als Übung, die mit dem Körper vollzogen wird. Es handelt sich um 12 Positionen, die hintereinander eingenommen werden. Fortgeschrittene verbinden sie mit einer ganz bestimmten Atem-Weise, die hier ebenfalls dargestellt wird. Wer noch weniger geübt ist, soll aber normal in seinem eigenen Rhythmus atmen. Genaugenommen müssen allerdings nur sechs Positionen gelernt werden, denn die folgenden sechs sind Wiederholungen.

Der „Gruß an die Sonne" ist eine Übungsreihe ganz für sich, er soll die übliche Reihe nicht ersetzen, sondern ergänzen. Auch Menschen, die einmal wenig Zeit zum Üben haben, können den „Gruß an die Sonne" in kürzester Zeit ausführen. Zwischen den einzelnen Positionen wird eine kurze Pause eingelegt, in der jeweils ein paar Worte eines Gebets gesprochen werden können. Dafür gibt es verschiedene Anregungen und Möglichkeiten, zwei davon sollen hier vorgestellt werden.

Die gesundheitlichen Wirkungen der Reihe sind vielfältig, der ganze Körper wird „in Schwung" gebracht, die Muskeln und Sehnen gedehnt, der Kreislauf angeregt, Müdigkeit verschwindet, Energien werden aktiviert. Wichtig ist, daß man beim Üben nicht aus dem Atem kommt. Das wird am Anfang sich nicht immer vermeiden lassen. Mit der Zeit findet man seinen eigenen Rhythmus. Es soll aber angemerkt werden, daß manchen diese Reihe nicht so gut bekommt, vor allem, weil sie die Schilddrüse stark stimuliert. Es muß also auch hier wieder jeder für sich herausfinden, ob die Reihe für ihn richtig ist.

Nachstehend wird der „Gruß an die Sonne" in seinen 12 Positionen dargestellt. Nach kurzer Pause wird die Reihe mehrmals wiederholt. Am Anfang aber bitte nicht übertreiben!

## Der „Gruß an die Sonne" 125

Aufrecht stehen,
die Hände vor der Brust zusammenlegen
und die Füße zusammenstellen.
Ausatmen

Vater – – –

Arme in die Senkrechte heben
und weit nach hinten beugen.
Einatmen

Ich danke dir – – –

Nach vorne beugen, bis die Hände den Boden
berühren. Die Beine bleiben gestreckt.
Die Hände sind nahe bei den Füßen.
Ausatmen

Daß ich hier sein darf – – –

Rechten Fuß weit nach vorne stellen,
linken Fuß zurück, Kopf zurücklegen.
Einatmen

Daß du mich führst – – –

Den Körper in eine V-Haltung bringen, Arme und
Beine gestreckt, Fußsohlen flach auf dem Boden.
Atem anhalten

Und beschützest – – –

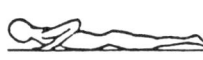

Körper zum Boden senken. Nur Stirn, Brust,
Knie und Zehen berühren den Boden, der Bauch
ist angehoben.                    Ausatmen

Daß du mich leitest – – –

126 *Die Haltungen und Übungen im einzelnen*

*Arme strecken, Oberkörper vom Boden abheben, Zehen auf dem Boden, „Hängebrücke".
Einatmen*

Auf allen meinen Wegen – – –

*Wiederholung von 5: „V-Haltung"
Ausatmen*

Lass' mich zum Segen werden – – –

*Wiederholung von 4
Einatmen*

Für viele Wesen – – –

*Wiederholung von 3
Ausatmen*

Und deinen Willen tun – – –

*Wiederholung von 2
Einatmen*

Heute und immer – – –

*Wiederholung von 1
Ausatmen*

Amen

Ein anderer Text mit einer leicht geänderten Atemfolge ist der folgende:

| | |
|---|---|
| 1. Großer Gott | Ausatmen |
| 2. So hoch wie der Himmel | Einatmen |
| 3. So tief wie das Meer | Ausatmen |
| 4. So weit wie die Welt | Einatmen |
| 5. Ist meine große Liebe | Anhalten |
| 6. Zu Dir | Ausatmen |
| 7. Gott Vater | Einatmen |
| 8. Zu allen Menschen | Anhalten |
| 9. Zu allen Tieren | Anhalten |
| 10. Zu allen Pflanzen | Ausatmen |
| 11. Ja | Einatmen |
| 12. So ist es | Ausatmen |

## Die Bekräftigungsformeln (Einreden)

Wenn ich jetzt noch auf die sogenannten Bekräftigungsformeln eingehe, dann weiß ich, daß nicht nur Leser dieses Buches „abschalten" mögen, sondern Yoga-Übende ganz allgemein nicht selten bedenklich den Kopf schütteln, wenn sie damit konfrontiert werden. Bei anderen dauert es zuweilen lange, bis sie sich damit befreunden können oder zumindest einen Versuch damit wagen. Dem Verfasser ging es nicht anders. Zuerst kam ich mir reichlich albern dabei vor, dann vermutete ich Zauberei, eine Weile war es mir ganz einfach peinlich, solche Formeln zu sprechen, weil ich fürchtete, jemand könnte mich hören. Eines Tages aber entdeckte ich ihren Sinn und ihre Bedeutung. Das geschah nicht während einer Übungsstunde, sondern es war ein früher Morgen, kurz nachdem der Wecker geklingelt hatte und mich daran erinnerte, daß ich einen langen und unangenehmen Tag vor mir habe, unangenehm deswegen, weil zwei Aufgaben auf mich warteten, die höchst unerfreulich waren und vor denen ich mich lange genug „gedrückt" hatte. Ich hatte mich so lange davor gedrückt, bis aus den Aufgaben ein Problem geworden war. Wir vergessen ja immer wieder so leicht, daß sich eine Aufgabe nicht dadurch lösen läßt, daß wir vor ihr davonlaufen, sondern daß sie sich vervielfältigt und von Tag zu Tag komplizierter wird. Würden wir immer gleich alles anpacken, was uns aufgegeben wird, könnten wir uns das Leben erheblich einfacher machen. Unsere Probleme bauen wir uns vielfach selber auf!

So erging es mir an diesem Morgen, während ich noch im Bett lag und mir wünschte, ich könnte dort bleiben. Zugleich plagten mich unzählige wirre Gedanken, und dazwischen immer wieder Worte wie: „Das schaffst du bestimmt nicht, wäre dieser Tag doch schon vorbei, am besten ist, du stellst dich krank, das kann ja heute heiter werden" und so weiter und so fort ... Wir kennen das alles zur Genüge. Es wurde mir schlagartig bewußt, daß da dunkle und destruktive Kräfte am Werk waren, die mich noch mehr niederdrükken, mutlos machen wollten. Was sind das nur für Kräfte?

Es ist ungeheuer wichtig, *wie* wir uns auf den Tag einstimmen, *wie* wir an eine Aufgabe herangehen, *wie* wir uns, wie heute gesagt wird, „programmieren". Wir müssen uns in der Tat ein „Programm" geben, einen Vorsatz fassen. In dieser Hinsicht sind die Bekräftigungsformeln eine wirkliche Hilfe, um so mehr, wenn wir diese Formeln während unseres Übens oder nach einer Übung in uns hineinsprechen. Das können wir uns bildhaft vorstellen. Unsere Seele ist dankbar, wenn wir ihr positive Inhalte geben, sie sehnt sich danach. Ich habe bereits davon gesprochen, daß wir mehr auf unsere Seele achten sollten, auf das, was wir in sie hineinlassen. Unsere Aufmerksamkeit, unser Wachsein sollte da als eine Art Wächter fungieren.

Es ist möglich, daß an dieser Stelle ein Einwand kommt: „Wo braucht es solcher Formeln, da wir doch das Gebet haben? Sollen, können Formeln das Gebet ersetzen?" Nein, ganz sicher nicht. Darum geht es auch nicht. Das Gebet ist zweifellos die wirksamste Art, wie wir uns auf den Tag einstimmen, wie wir uns „betten" können für den Tag. Ich habe darauf sehr eingehend aufmerksam gemacht. Eine der Sperren, die sich gegen Bekräftigungsformeln aufrichten, heißt „Selbst-Suggestion". Wir reden uns etwas ein. Dürfen wir uns darauf einlassen. Ist das nicht gefährlich? Wer weiß, welchen Strömungen und Kräften wir uns dadurch ausliefern? Es stimmt, daß wir uns etwas *ein-reden*. Wir vergessen nur eines: Wir reden uns fortgesetzt etwas ein, wir betreiben fortgesetzt einen, wie es in der Psychologie heißt, „inneren Dialog", nur bedauerlicherweise fast stets in der falschen Richtung, so wie es mir an dem erwähnten Morgen geschah und wie es uns allen immer und immer wieder ergeht. Achten Sie einmal darauf! Es ist höchst erstaunlich, was sich dabei kundtut, und es ist wenig erfreulich. Da sind diese Worte, diese „Bekräftigungen": „Ich bin so müde", „ich habe gar keine Lust", „ach, wäre doch der Abend schon da", „ich fühle mich wie zerschlagen", oder: „Was hat das alles für einen Sinn?" Oder: „Was mich heute wieder im Büro erwartet, das schaffe ich nie und nimmer, und dazu dieser Chef! Nein, das kann ich nicht..."

Erneut wird vielleicht eingewendet: „Und wo bleibt das Gebet? Ist es nicht die stärkste Waffe gehen solche Einflüsterungen?"

Ich zitiere aus dem Büchlein von Pater Anselm Grün von der Abtei Münsterschwarzach mit dem Titel *„Einreden"*: „Unsere Depressionen lassen sich nicht ohne weiteres durch Psalmverse heilen. Aber ein Stück weit können wir uns ohne Zweifel positiv oder negativ beeinflussen, je nach den Gedanken, die wir in uns einlassen... Für den Augenblick wollen wir festhalten, daß die Gedanken einen erheblichen Einfluß auf unseren Geist, auf unsere innere Haltung und auf unser Tun ausüben..."

Das Buch handelt von der großen Bedeutung solcher positiven Einreden im alten Mönchtum. Pater Grün, der dem Benediktiner-Orden angehört und als Meditationslehrer einen bekannten Namen hat, weist anhand von vielen Beispielen mönchischer Übungen darauf hin, daß „der Geist sich notwendig in das verwandelt, womit er sich beschäftigt. Dieser Wirkung kann er sich nicht entziehen. Das liegt nicht in seiner Macht. In seiner Entscheidung liegt es allein, auszuwählen, womit er sich beschäftigen will. Daher ist die Auswahl der Gedanken, die auf uns einströmen, eine Hauptaufgabe des geistlichen Lebens. Wir dürfen uns nicht beklagen, daß es uns schlecht geht, daß wir depressiven Stimmungen nachhängen und voller Angst sind, wenn wir uns ständig Sätze vorsagen wie: ‚Das schaffe ich nie, ich habe keine Lust, ich habe Angst.' Wir bewirken durch solche Sätze in uns die Angst und die schlechte Laune. Zumindest setzt sich die Stimmung durch solche Sätze in uns fest."

Und an anderer Stelle: „Es sind immer Sätze, die wir uns da vorsagen, mit denen sich die Gedanken in uns formen ...", und: „Sätze wie ‚schon wieder der, den kann ich absolut nicht ausstehen, das gibt es doch nicht', und wie sie alle heißen, mit denen wir über Menschen und Dinge urteilen, sind wie ein Reflex, der in uns automatisch ausgelöst wird, wenn wir bestimmten Menschen begegnen oder bestimmte Dinge sehen. Wir sind machtlos. Verstand und Wille kommen da zu spät. Aber wir können uns eben einen anderen Reflex, eine andere Reaktion auf bestimmte Menschen und Dinge angewöhnen. Es braucht einige Übung, bis so ein positives Reaktionsmuster einrastet und uns von selbst positive Sätze einredet ..." Es geht also einfach darum, den vielen negativen „Einreden", die nichts anderes wollen, als uns stimmungsmäßig in dunkle Bereiche zu ziehen, positive, helle Worte und Sätze entgegenzustellen, und zwar durch ganz bewußtes Tun. Auf die negativen „Einreden" haben wir zunächst keinen Einfluß, sie sind plötzlich da, oft gerade dann, wenn wir bewußtseinsmäßig selbst noch nicht da sind, weil wir soeben gerade aus dem Schlaf erwacht sind. Nun setzt unser Bewußtsein ein, und wir können etwas dagegen unternehmen.

Die Zitate aus dem Büchlein von Pater Grün zeigen, daß diese Methode uralt ist und keineswegs eine Erfindung des französischen Heilkundigen Emile Coué (1857–1927), wenn auch gerade *er* durch diese Methode berühmt wurde und es bis auf den heutigen Tag ist. Er verordnete seinen Patienten, sich jeden Tag mehrmals eine ganz bestimmte Formel vorzusagen: „Es geht mir von Tag zu Tag in jeder Beziehung besser und besser." Er knüpfte vielmehr, ebenso wie moderne Psychologen, an uraltes Wissen und uralte Techniken an. Eine der bekanntesten ist heute das „autogene Training".

Der indische Yoga-Lehrer Selvarajan Yesudian, der bereits erwähnt wurde, führte solche Formeln in sein Yoga-Übungs-System ein, indem er jede Asana mit einer entsprechenden Bekräftigung verband, wobei diese meist direkten Bezug zur jeweiligen Übung hat.

Zum Beispiel werden nach einer Gleichgewichts-Übung, wie wir sie in Form der Haltung des Baumes gelernt haben, die Worte gesprochen: „Ich bin sicher und stabil im Körper, in den Gedanken und in den Gefühlen." Während der Haltung des Berges folgt der Satz: „Ich bin gerade und aufrichtig im Körper und in der Seele." Andere solche Einreden lauten etwa: „Ich bin mutig und ausdauernd", „Ich entwickle Widerstandskraft", „Ich bin wach und bewußt" und so weiter. Wir lassen also Vorsätze in uns einfließen, die in uns wirken. Sie wirken natürlich nicht auf der Stelle, und nach einer Gleichgewichtshaltung, die uns mißlungen ist, fühlen wir uns vermutlich gar nicht sicher und stabil. Aber wir üben ja nicht nur dieses eine Mal, und wir sprechen die Formel, laut oder leise oder „nur" in Gedanken, auch nicht einmal, sondern immer wieder. Nach und nach zeigen sich Ergebnisse. Wir stellen dem Dunkeln in uns das Helle gegenüber. Das Helle ist aber immer stärker. Wir müssen nur Geduld haben.

Warum sollten wir am Morgen, wenn wir auf unserer Übungsdecke Platz genommen haben und, den Atem beobachtend, uns besinnen, diese Besinnung nicht verbinden mit den innerlich gesprochenen Worten: „Ich bin Kind Gottes, ich werde geführt, alles hat seinen tiefen Sinn, auch jede Aufgabe, die mich heute, jetzt, erwartet, ich werde vollbringen, was mir aufgetragen ist ..."? Solche mit Worten formulierten Gedanken, die in uns aufsteigen oder die wir selbst in vielleicht dunkle Gedanken hinein sprechen, entwickeln eine eigene Dynamik und Wirkung, und wir werden spüren, wie es mit einemmal in uns leichter wird, wie unter Umständen etwas wie eine Last von uns fällt, wie wir mit Zuversicht erfüllt werden und mit Freude auf den Tag. Denn wir wissen, dieser Tag wird uns ganz neu geschenkt, so, wie uns der Atem immer wieder neu geschenkt wird. Es ist schön, da zu sein, es ist schön, wirken zu dürfen. Nützen wir dieses Geschenk nach unserem besten Können und Wissen.

# Die Meditation

Yoga und Meditation sind nicht voneinander zu trennen. Sie sind *eins*. Das sollte sich jeder, der sich auf das Üben der Körperhaltungen nach dem Sinne und der Eigenart des Yoga einläßt, einprägen. Im Grunde genommen ist dieses Üben mit dem Körper Hinführung zur Meditation. So hat der Inder Yesudian in jede Übungsreihe seines Systems eine kurze Meditation aufgenommen, und danach verfahren auch wir. Das heißt, daß am Schluß einer solchen Reihe mit ihren verschiedenen Körperübungen vor der abschließenden Entspannung eine etwa fünfminütige Meditation steht. Es ist möglich, daß der Begriff „Meditation" dafür ein wenig hochgegriffen ist. Meist handelt es sich darum, still zu werden und sich diese Stille bewußt zu machen. Doch „Meditation" wird in einem sehr weitläufigen Sinne verstanden. Mit ein wesentlicher Bestandteil ist dieses Stillwerden, das nur durch eine erhöhte Konzentration erreicht werden kann.

Viele Übende betrachten die Meditation als eine Art „Anhängsel" an die Yoga-Stunde. Dies ist ein großer Irrtum, und sie bringen sich damit um das Wesentliche ihres Übens. Das wird schon allein daraus ersichtlich, daß wir kaum einmal während des Tages wirklich still sind, ja, nicht einmal in der Nacht, wenn wir schlafen. Die Aktivität geht ja auch dann weiter, wenn auch auf einer anderen Ebene. Nur sind wir nicht mehr bewußt aktiv, sondern unbewußt. Jeder Mensch träumt, und wir tun das oft so intensiv, daß sich die körperlichen Reaktionen nicht von denen des Tages unterscheiden. Wir haben Angstträume, und wenn wir aus ihnen erwachen, sind wir schweißgebadet, und das Herz schlägt wie wahnsinnig. Manche Menschen (und Tiere!) schreien im Traum, weil sie sich verfolgt fühlen, abstürzen oder anderweitig in tödliche Gefahr geraten. Aber auch wenn wir von solchen Zuständen und Horrorvisionen verschont bleiben, sind wir doch alles andere als still. Bis zu 40mal in einer Nacht wechselt der Schlafende seine Haltung! Es wäre also vermessen, von „Ruhe" zu sprechen. Für sehr viele Menschen ist die Meditation, auch wenn sie nur kurz ist, die einzige Gelegenheit am Tage, und zwar innerhalb von 24 Stunden, bei der sie bewußt still sind. Zudem soll mit der Kurz-Meditation am Schluß einer Gruppen-Übungsstunde erreicht werden, den Übenden behutsam an die Meditation heranzuführen, ihm, salopp ausgedrückt, eine „Kostprobe" anzubieten.

Es muß aber zugegeben werden, daß sehr viel mehr Motivation dazu gehört, zu meditieren, als Körperübungen auszuführen. Im Gegensatz zu den meisten Menschen des Ostens sind wir westlich geprägten Individuen vom Bewegungsdrang geprägt, wir wollen ständig agieren, etwas tun, etwas vollbringen, an dessen Ende ein Ergebnis steht. Das ist zu einem Teil richtig, ebenso wie die eher passive Haltung der Mehrzahl der östlich geprägten Menschen zu einem Teil richtig ist. Der Idealfall wäre für beide ein Ausgleich, mehr Stille und Besinnung für den westlichen, mehr Aktivität für den östlichen Menschen. Yoga kann uns auch auf diesem Gebiet ein wichtiger Helfer sein, indem er diesen Ausgleich zum Ziele hat.

## *Warum Meditation?*

Über Meditation gibt es eine sehr reiche Literatur, und dies ist kein ausgesprochenes Meditationsbuch. Es soll nicht nur, sondern es muß aber doch etwas näher darauf eingegangen werden, weil Meditation, wie bereits betont, unverzichtbarer Teil des Yoga ist, und auch das Wort „Teil" erweckt bereits wieder einen falschen Eindruck. Yoga *ist* Meditation, und Meditation *ist* Yoga. Wer beide voneinander trennt, hat den Sinn von beiden nicht verstanden.

Warum sich jemand zur Meditation entschließt, kann jedoch die verschiedensten Gründe haben. Die einen finden mehr oder weniger von selbst dazu, wenn sie eine gewisse Zeit Körper-Haltungen mit einem etwas tieferen Hintergrund geübt haben. Andere werden aus ihnen selbst oft unerklärlichen Gründen dazu geführt. „Ich weiß auch nicht, warum, aber ich muß es einfach tun", ist ein Argument, das immer wieder zu hören ist, und es wird meist auch von strengen Meditationslehrern voll akzeptiert. Dieses „ich muß einfach" ist eine starke innere Kraft, die stärker ist als alle Überlegungen.

Andere lassen sich aus Neugierde darauf ein. Warum auch nicht? Auch Neugier kann eine sehr starke Triebfeder und ein guter Einstieg sein. Meditation ist „in", und „man" will es auch einmal ausprobieren. Vielleicht „bringt's" etwas ... Wieder andere suchen einfach die Stille, das Erlebnis des „Abschaltens". Freilich reicht dies als Grund, dabei zu bleiben, meist nicht aus, ebensowenig wie der Wunsch, die Konzentrationskraft zu stärken, den Blutdruck zu senken, geistige Fähigkeiten zu entwickeln. All dies kann mit eine Frucht regelmäßigen Meditierens sein, aber die Meditation wird dann eher zur Therapie, der eigentliche, tiefe Gehalt kommt meist zu kurz. Es wurde bereits der Stuttgarter Sportmediziner zitiert, nach dem viele Menschen meinen, ihr Leib sei so eine Art „Hohlkörper", der nur tüchtig trainiert werden müsse, dann werde er schon die gewünschte Leistung bringen. Wer meditiert, muß davon überzeugt sein, daß er mehr ist als nur ein „Hohlkörper". Er kann sich eine andere Anschauungsweise etwa bei Johann Wolfgang Goethe holen, der sagt: „Ich glaube, daß wir einen Funken jenen ewigen Lichtes in uns tragen, das im Grunde des Seins leuchten muß und welches unsere schwachen Sinne nur von ferne ahnen können. Diesen Funken in uns zur Flamme werden zu lassen und das Göttliche in uns zu verwirklichen, ist unsere Pflicht, ja, der einzige tiefe Sinn unseres Daseins." Hier klingt unmißverständlich an, was viele Menschen zur Meditation führt: der Wunsch nach religiöser Erfahrung. Dieses Verlangen ergreift immer mehr Suchende ebenso wie solche, die ihren Standpunkt im Glauben gefunden haben, ihn aber vertiefen und auch weitergehende Erkenntnisse erlangen möchten. Zweifellos ist ein solches Verlangen wohl das tiefste Anliegen, das einen Menschen zur Meditation führt. Es sind gerade aber auch hier manche Gefahren vorhanden, über die man Bescheid wissen sollte. Die größte Gefahr ist die Versuchung, Erfahrungen erzwingen zu wollen. Es gibt nicht wenige Übende, und dabei handelt es sich vorwiegend um jüngere Menschen, die sich Anleihen holen bei Praktiken, die zuweilen fragwürdig, fast immer jedoch gefährlich sind. Es kann sich dabei etwa um forcierte Atemübungen handeln, die zwar „Erlebnisse" herbeiführen, jedoch mit tieferem religiösem Erleben nichts zu tun haben.

Vor solchen Gefahren wurde in dem schon früher erwähnten Schreiben der Kongregation für die Glaubenslehre an die Bischöfe der katholischen Kirche vom Herbst 1989 gewarnt. Leider wurde gerade diese Warnung dahingehend mißverstanden, daß sie so ausgelegt wurde, als warnten die Verfasser der Schrift grundsätzlich vor der Anwendung gewisser „Techniken" und Methoden, die aus dem östlichen Bereich kommen. Dies ist jedoch nicht so. Wovor gewarnt wurde, ist eine falsche Einschätzung von Auswirkungen solcher Techniken, die wahllos in der Hoffnung übernommen werden, schneller zum erwünschten Ziel zu führen.

Dazu heißt es in dem Schreiben: „Einige physische Übungen erzeugen automatisch das Gefühl der Ruhe und Entspannung, Gefühle der Befriedigung, vielleicht sogar Empfindungen von Licht und Wärme, die einem geistlichen Wohlbefinden gleichen." Wenn solche Gefühle auftreten, was sehr leicht der Fall ist, dürften sie nicht in dem Sinne verstanden werden, daß es sich etwa um geistige Gnadengaben handelt. Eine solche Haltung könnte, so wird ausgeführt, zu einer Art geistigen Schizophrenie führen, die auch psychische Schäden und moralische Verwirrung bewirken kann. Es zeigt sich immer wieder, daß gerade sehr streng Meditierende solchen Gefahren in erhöhtem Maße ausgeliefert sind, und es handelt sich bei nicht ganz wenigen vermeintlichen „Erleuchtungen" tatsächlich um nichts anderes als Phänomene, wie sie in dem Schreiben an die Bischöfe aufgeführt werden.

Darin wird aber gleichzeitig erklärt: „Das (gemeint ist das oben Zitierte) hebt freilich die Tatsache nicht auf, daß echte Praktiken der Meditation, die aus dem christlichen Osten und aus den nichtchristlichen Hochreligionen stammen und auf den gespaltenen und orientierungslosen Menschen von heute Anziehungskraft ausüben, ein geeignetes Hilfsmittel für den Betenden darstellen können, sogar mitten in äußerem Trubel innerlich entspannt vor Gott zu stehen."

Warum aber Praktiken aus anderen Religionsformen? Wir haben schließlich in unserer eigenen christlichen Tradition genügend große Lehrer der Meditation. Denken wir allein an Teresa von Avila und ihre „Innere Burg", ein Meditationsbuch, in dem wir Stufe für Stufe feststellen können, wie weit wir selbst auf unserem Entwicklungsweg sind. Doch ist es nicht einfach zu lesen, und vielleicht wäre es eine lohnende Aufgabe für einen Berufenen, dieses Buch in die Sprache von heute zu übertragen. Denken wir an die großen Mystiker der christlichen Kirche, die uns so viel zu sagen haben, einen Johannes Tauler, einen Johannes vom Kreuz, einen Angelus Silesius, einen Meister Eckart, um nur ein paar wenige aus einer großen Zahl zu nennen! Doch im Osten wurden die verschiedenen Meditationsarten praktisch ohne Unterbrechung überliefert, und manches davon kann uns eine wesentliche Hilfe bedeuten.

Ich möchte noch zwei unserer Dichter zitieren, weil ich meine, daß ihre Worte für manche, die selbst suchen, eine Antwort auf das „Warum" der Meditation bringen können. Hier zuerst Rainer Maria Rilke: „Die Dinge sind alle nicht so faßbar und sagbar, als man uns meistens glauben machen möchte; die meisten Ereignisse sind unsagbar, vollziehen sich in einem Raume, den nie ein Wort betreten wird ... Gehen Sie in sich, erforschen Sie den Grund ..., prüfen Sie die Tiefe, in denen Ihr Leben entspringt; an seiner Quelle werden Sie die Antwort auf Ihre Fragen finden ... Sie können Ihre Entwicklung gar nicht heftiger stören, als wenn Sie nach außen sehen und von außen Antwort erwarten auf Fragen, die nur Ihr innerstes Gefühl in Ihren leisesten Stunden vielleicht beantworten kann ..." (Rilke in „Briefe an einen jungen Dichter"). Und Hermann Hesse schreibt in seinem „Glasperlenspiel": „Je mehr wir von uns verlangen, oder je mehr unsere jeweilige Aufgabe von uns verlangt, desto mehr sind wir auf die Kraftquelle der Meditation angewiesen, auf die immer wieder erneuerte Versöhnung von Geist und Seele. Und je intensiver eine Aufgabe uns in Anspruch nimmt, uns bald erregt und steigert, bald ermüdet und niederdrückt, desto leichter kann es geschehen, daß wir diese

Quelle vernachlässigen, so wie man beim Verbohrtsein in eine geistige Arbeit leicht dazu neigt, den Körper und seine Pflege zu vernachlässigen. Die wirklich großen Menschen der Weltgeschichte haben alle entweder zu meditieren verstanden oder noch unbewußt den Weg dorthin gekannt, wohin die Meditation uns führt. Die andern, auch die begabtesten und kräftigsten, sind alle am Ende gescheitert und unterlegen, weil ihre Aufgabe oder ihr ehrgeiziger Traum so von ihnen Besitz ergriff, sie so besaß und zu Besessenen machte, daß sie die Fähigkeit verloren, sich immer wieder vom Aktuellen zu lösen und zu distanzieren."

Genug der Zitate. Meditation ist vielleicht das Individuellste, Intimste, das es geben kann, so individuell, wie jeder von uns als Mensch ist, unteilbar und ohne Gleiches auf dieser Welt. Einer meiner Lehrer sagte einmal: „Ich glaube nicht, daß es zwei Menschen gibt, die auf die genau gleiche Weise meditieren, selbst dann nicht, wenn sie dieselbe Aufgabe bekommen haben und dieser in der Gruppe nachgehen . . .".

Menschen, die der Meditation fernstehen, behaupten oft, daß diese etwas „Absonderliches" sei. Andere, die sich mit ihr angefreundet haben, bezeichnen sie häufig als etwas „Besonderes", etwas „Außergewöhnliches". Das wird gefährlich, wenn sie zugleich damit die Meinung vertreten, sie selbst seien dadurch, daß sie meditieren, „besonders" und gar „außergewöhnlich"! Hier muß nachdrücklich ein warnendes Wort gesprochen werden. Meditation ist in Wahrheit die natürlichste Sache der Welt, viel, viel natürlicher als eine Menge von dem, was wir so den ganzen Tag über tun oder womit wir unsere Freizeit ausfüllen und uns die „Zeit vertreiben". Jeder von uns meditiert, meist ohne es zu wissen, jeder hat das schon immer getan, von frühester Kindheit an. Das wird uns deutlich, wenn wir einem spielenden Kind zuschauen. Es ist ganz bei der Sache, es tut *nur* dieses eine, es ist voll und ganz auf das Spiel konzentriert. Beobachten wir den Ausdruck seines Gesichtes, seine Bewegungen! Dann erfahren wir, was Meditation ist. Wir selbst meditieren immer wieder ganz unbewußt, etwa wenn wir ein Gemälde betrachten, wenn wir Musik hören. Meditation kann nicht „gemacht" werden, sie „geschieht". „Machen" können wir nur die Vorbereitungen, wir „machen" uns bereit, indem wir eine geeignete Körperhaltung einnehmen und uns von allen störenden Gedanken und äußeren Einflüssen lösen.

Das ist freilich schwer. Anfänger klagen nach dem ersten Mal: „Es wollte mir einfach nicht gelingen, alle Gedanken loszulassen und ganz still zu werden...". Genau das gleiche beklagen auch Fortgeschrittene. Darum geht es auch gar nicht. Es geht vielmehr darum, daß wir uns auf die Gedanken, welche unablässig auf uns einströmen oder aus unserem Innersten sich melden, nicht einlassen.

Menschen, die nach Möglichkeiten der Meditation fragen, können zwei Empfehlungen gegeben werden, die sich in der Praxis bewährt haben:

Suchen Sie nicht das Komplizierte. Werden Sie einfach still. Das ist schwer, und es erfordert am Anfang eine gewisse Portion an Willenskraft und Ausdauer. Werden Sie still, und kehren Sie immer wieder in Ihre Mitte zurück. Beobachten Sie Ihren Atem, und lassen Sie sich einfach von ihm führen.

Und zweitens: Nehmen Sie sich nicht zu viel vor. Sagen Sie sich nicht: „Jetzt will ich zehn Minuten vollkommen still sein." Das schaffen Sie nicht. Sie schaffen es auch nicht, fünf Minuten vollkommen still zu sein, still nicht nur im Körper, sondern vor allem in den Gedanken. Das schaffen Sie nicht. Seien Sie zufrieden, wenn es Ihnen zehn Sekunden lang gelingt. Oder auch nur fünf Sekunden. Nach und nach steigert sich die Zeitspanne. Aber Zeit spielt dabei keine bedeutende Rolle. Versuchen Sie es einfach immer wieder von neuem, einmal wird es Ihnen für kürzere Augenblicke gelingen, ein andermal für längere.

Hier sind wir bereits bei der nächsten Frage:

## Wie soll man meditieren?

Das „Warum" und das „Wie" gehen nahtlos ineinander über. Das „Warum" kann viele Antworten finden. Das „Wie" ebenso. Was heißt das eigentlich: „*Meditation?*"

Es wird auf verschiedene Weise gedeutet. „Meditare", sagen die einen, heißt: nach innen gehen, still werden, sich versenken. „Meditari", sagen die andern, bedeutet: sich intensiv mit etwas beschäftigen, wobei auch der Intellekt eine Rolle spielt, zumindest nicht ausgeschaltet wird. In Zeitungen ist gelegentlich zu lesen, daß Politiker am Wochenende über Finanzprobleme (oder irgend welche anderen) „meditiert" hätten. „Meditari", sagen wieder andere, ist gleichbedeutend mit Andacht und Gebet. Wer hat recht?

Die Antwort kann wohl nur lauten: Alle haben recht, mit Ausnahme des Redakteurs und seiner Politiker. Jeder Mensch muß, ich wiederhole es, *seine* Art der Meditation finden. Aber man braucht natürlich einige Anleitungen, man muß wissen, welche Arten der Meditation es gibt, zumindest, welche die meist praktizierten sind. Hier seien einige Beispiele aufgezählt:

Die *Wortmeditation*. Sie geschieht meist über einen biblischen Text, sehr häufig über einen Psalmenvers, oft aber auch über Aussagen, die mit dem Kopf schwer verstehbar sind, zum Beispiel aus den Lehrreden Jesu. Wir nehmen einen solchen Text in die Stille hinein, lassen ihn in uns gewissermaßen wirken, und es ist nicht selten, daß wir mit einemmal zu verstehen beginnen. Etwas löst sich in uns, und es ist so, als würde eben der Text, mit dem wir bislang nicht viel anzufangen wußten, von innen heraus erhellt, durchleuchtet.

Die *Bildmeditation*. Wir betrachten sehr intensiv ein Bild und lassen es wiederum in uns wirken. Dann schließen wir die Augen und nehmen es noch tiefer „in unser Herz" hinein. Wird das Bild undeutlich oder schieben sich andere Eindrücke davor, öffnen wir die Augen und lassen sie wieder eine Weile auf dem Bild ruhen. Auf diese Weise vermögen wir zu erfahren, was der Künstler auszudrücken versuchte, wir erfahren das Wesen, die „Seele des Bildes". Sehr oft werden für eine solche Meditation Motive aus dem Isenheimer Altar verwendet.

Die *Musikmeditation*. Hier vollzieht sich das gleiche an Hand der Musik. Denn Musik ist sehr viel mehr als Unterhaltung. Sie ist Sprache des Geistes, kann als Ausdruck des Göttlichen verstanden werden. Johannes Brahms sagte dazu: „Das, was man eigentlich Erfindung nennt, also ein wirklicher Gedanke, ist sozusagen höhere Eingebung, Inspiration, das heißt: Dafür kann ich nichts . . .".

Die *Kontemplation*. Dieser Begriff wird, zum Beispiel von dem Meditationsmeister Pater Willigis Jäger, verwendet, um eine christlich geprägte, ungegenständliche Form des Betens zu charakterisieren. „Es bezeichnet einen Zustand des Erfahrens jenseits der aktiven Kräfte unseres Tagesbewußtseins" (Zitat aus Jägers Buch „Kontemplation – Gottes-Begegnung heute"). „Contemplari", aus dem Lateinischen, heißt „Schauen", wobei es als „Schauen ins eigene Selbst, schauen ins Göttliche in uns und in der Schöpfung . . ." zu verstehen ist.

Die *ZEN-Meditation*. Diese Methode stammt aus Japan und hat sich im Westen längst in vielen Ländern und Übungsstätten eingeführt. In der Bundesrepublik wird nach dieser Technik, bei der vor allem auf eine absolut korrekte Sitzhaltung größter Wert gelegt wird, in zahlreichen christlichen Besinnungs- und Exerzitienhäusern geübt. Eigentlich ist ZEN-Meditation kein sehr gutes Wort, denn es heißt „Meditations-Meditation". ZEN ist das aus dem Chinesischen übernommen „Cha'an", das wiederum aus dem Sanskrit-Wort „Dyana" abgeleitet wurde, beide heißen „Meditation". Doch wird heute allgemein von der „ZEN-Meditation" gesprochen, weil sie sich von anderen meditativen Techniken wesentlich unterscheidet. Beim ZEN geht es, um es in kürzeste Form zu bringen, darum, daß durch eine völlige Ruhestellung von Körper, Intellekt und Seele die „innere Wirklichkeit" in uns erfahrbar wird. Zu ihr dringen wir erst dann vor, wenn die Sinne schweigen. Mit ihnen vermögen wir ja nur die äußere Wirklichkeit wahrzunehmen, die sich in „vielen Wahrheiten" manifestiert. Wer sich entschließt, in diesem Stil zu üben, sollte sich einen Lehrer suchen.

## Meditation und Gebet

Es wird dem Leser vielleicht auffallen, daß zuweilen anstelle des Begriffes „Meditation" das Wort „Gebet" auftaucht. Dazu möchte ich ein eigenes Erlebnis anführen, das für mich zu einem „Schlüsselerlebnis" wurde. Dieses Wort sagt etwas ganz wichtiges aus: In Form eines solchen Erlebnisses wird uns ein „Schlüssel" in die Hand gedrückt, der uns ein Tor öffnet, das bislang für uns verschlossen war: „Klopfet an, so wird euch aufgetan!" Nun weicht das Tor zurück, und dahinter öffnet sich ein Raum, in dem Neues auf uns wartet, weil wir dafür bereit sind. Ein solches Schlüsselwort verdanke ich einer Karmelitin. Bei einem Besuch im Karmel in Tübingen fragte ich sie, ehe wir uns zusammen mit anderen Schwestern und Teilnehmern von Meditationsgruppen zu einer Stille-Meditation niederließen: „Wieviel Zeit widmen Sie täglich der Meditation und wieviel dem Gebet?" Die Gegenfrage lautete: „Machen Sie da einen Unterschied?" Schlagartig wurde mir klar: Meditation und Gebet sind ein und dasselbe.

Romano Guardini, einer der bedeutendsten Religions-Philosophen unserer Zeit, hat für Meditation *und* Gebet eine „Vier-Punkte-Regel" aufgestellt:
1. Ich muß mich sammeln, das heißt still werden. Beten bzw. meditieren kann ich nur, wenn ich mich aus dem Gehetztsein meines Alltags herauslöse.
2. Ich muß anwesend sein, ich muß also dem Drang wider-

stehen, mit meinen Gedanken umherzuwandern oder gar aufzustehen und wegzulaufen. Ich bin hier und jetzt anwesend.
3. Ich muß geeint sein, das bedeutet, in unserem Alltag befinden wir uns ständig in einem Zustand der Zerstreuung, der Vielheit. Wir müssen unsere Seelenkräfte einen.
4. Ich muß wach sein, unsere ganze Aufmerksamkeit muß sich also dem Jetzt zuwenden, wir müssen gewissermaßen unser Bewußtsein „bündeln". Aufmerksamkeit heißt das Stichwort für jede Art der Meditation ebenso wie des Gebets.

Diese „Vier-Punkte-Regel" mag uns eine Art Leitlinie sein. Eine andere solche „Leitlinie" kann der „Dreischritt" des Kirchenlehrers Aurelius Augustinus sein: Extra – Intra – Supra: Außen – Innen – Oben. Vom Außen her erfolgt zunächst die Wendung nach Innen, von der Peripherie gehen wir den Weg zur Mitte, zum Zentrum. Notwendig ist, daß wir erst einmal richtig im Außen sind, also Menschen dieser Welt mit ihren Aufgaben, Pflichten und Verantwortungen. Doch wir dürfen nicht allein in diesem „Außen" haften. Wir müssen den Weg suchen nach Innen, zu unserer Mitte. Dazu sagt Augustinus: „Geh' nicht nach Außen, kehr' in dich ein; im innern Menschen wohnt die Wahrheit. Dort findest du dein veränderliches Selbst. Deshalb übersteige dich selbst... strebe dorthin, wo das Licht deines Geistes erst zum Leuchten entfacht wird." Der „Dreischritt" meint folgendes: Aus dem Äußeren suchen wir unser Inneres, wenden uns ihm zu, doch auch hier bleiben wir nicht, sondern aus ihm heraus folgt die Überschreitung unseres Wesens, des „kleinen Ich", es wird zurückbleiben, „überwachsen", aber nicht „ausgelöscht", wie oft gefordert wird: „Du mußt dein Ich töten!" Das geht nicht. Worum es geht, ist eben das „Überwachsen", das Übersteigen, wie wir ja auch gewisse Anlagen, die wir an uns und in uns haben, nicht auszulöschen vermögen; wohl aber können wir über sie hinauswachsen.

## Meditation und Gebet 145

Wir sollten uns wohl merken, was Augustinus hier sagt, denn es ist für den Christen sehr wichtig und unterscheidet seine Art, zu meditieren, entscheidend von der des östlichen Menschen. Der Christ sucht das „DU", in der Meditation treten wir diesem „DU" gegenüber, das immer sehr viel größer ist, als auch der noch so hoch entwickelte Mensch, der „Heilige". Ob wir dieses „DU" außerhalb oder in uns selbst suchen, ist von zweitrangiger Bedeutung, wenigstens in diesem Zusammenhang. Wichtig ist, daß wir dieses „DU" erkennen, uns seiner bewußt sind. So ist es dem Christen unmöglich, ich möchte sagen: Er bleibt davor bewahrt, sich selbst dermaßen mit Gott zu identifizieren, daß er sich schließlich selbst als Gott fühlt. Wozu solches Denken führen kann, beweisen uns etliche Fälle aus unserer Gegenwart.

Die Frage, wo Gott zu finden sei, im „Himmel" oder im eigenen Herzen, führt immer wieder zu heftigen Auseinandersetzungen, heißt es doch in der Bibel: „... denn das Dichten und Trachten des menschlichen Herzens ist böse von Jugend auf" (1. Mose 8, 21), und Jesus sagt: „Denn von innen, aus dem Herzen der Menschen, kommen heraus böse Gedanken..." (Markus 7, 21 und 23). Doch nach Lukas 17, 21, sagte Jesus auch: „... denn siehe, das Reich Gottes ist inwendig in euch" (Übersetzung nach Luther).

Beides wird angeführt, wenn es in der Meditation darum geht, ganz in sich selbst, in die eigene Mitte zu gelangen, ins eigene „Herz". Wir wissen aber heute, daß im Menschen viele Bewußtseinsschichten angelegt sind und daß aus den Tiefen unseres „Unterbewußtseins" sehr wohl recht dunkle Kräfte aufsteigen können, vieles „Verdrängte", Unbewältigte. Doch im tiefsten Grund des menschlichen Herzens wohnt Gott, Gottes Anteil im Menschen, und ihm öffnen wir uns in der Stille der Gedanken und der Seele. Von dieser Betrachtungsweise aus dürfen wir sagen, daß beides zutrifft, daß also ebenso das Böse in uns ist wie das Gute, das „Reich Gottes", das „Himmelreich".

Zum besseren Verständnis dieser Problematik zitiere ich

146 *Die Meditation*

einen Absatz aus dem „Informationspapier Nr. 65/65 1987", herausgegeben von der „Deutschen Evangelischen Arbeitsgemeinschaft für Erwachsenenbildung e. V.", Verfasser Pfarrer Albrecht Strebel:

„Meditation schafft zunächst einen Raum der Stille – das ist das gemeinsame Merkmal aller Methoden. In der Stille begegnet der Meditierende zunächst einmal sich selbst, der eigenen Unruhe, der eigenen Unordnung, vielleicht einem inneren Chaos. Das auszuhalten, fällt wohl jedem schwer, der ernsthaft sich dieser Begegnung aussetzt. Doch dürfen wir im Normalfall einer gewissen Kraft der Seele zur Selbstregulierung vertrauen, die nur solche seelischen Inhalte ins Bewußtsein dringen läßt, die auch verkraftet werden können." Pfarrer Strebel bekennt sich in diesem Aufsatz ausdrücklich zur ungegenständlichen Meditation: „Sie konfrontiert allerdings am konsequentesten den Meditierenden mit sich selbst und gestattet kein Ausweichen auf äußere Inhalte, auf Vorstellungen, Worte usw. Aber gerade auf diese Weise kann eine innere Wandlung zustande kommen, in der die Schichten des Ego allmählich aufgelöst werden, aber so, daß sozusagen alles von innen her geschieht und nichts durch äußere Einwirkung..."

## *Das Leitwort*

Wenn der Inder meditiert, dann nimmt er meist ein sogenanntes Mantra zu Hilfe. Mantra bedeutet so viel wie „Machtwort", „Zauberwort", auch „Schutz durch Denken". Es wird ihm eine verwandelnde Kraft zugesprochen und besteht meist aus einem kurzen Wort aus der Sanskritsprache. Das bekannteste Mantra ist das OM, das als das „heilige Mantra" gilt. Es wird als Manifestation des universellen Bewußtseins ebenso wie des persönlichen Gottes dargestellt. Indische Weise sagen: „OM ist *der* göttliche Laut, aus dem heraus alles entstanden ist." Er sei gemeint, wenn in der Bibel berichtet wird: „Und Gott sprach: ‚Es werde Licht! Und es ward Licht." (1. Mose 1,1), oder wenn das Evangelium des Johannes beginnt: „Im Anfang war das Wort, und das Wort war bei Gott, und Gott war das Wort." Die Mantra-Meditation ist allen Religionsarten vertraut. Als die älteste christliche Mantra-Meditation gilt das sogenannte Herzensgebet, auch „Jesus-Gebet" genannt. Es wurde bereits früher in diesem Buche erwähnt. Das Mantra wird vom Übenden in den Atem hineingenommen und entweder leise oder „innerlich", also denkend, gesprochen. Es hat dann u. a. den Zweck, die Gedanken, die sonst unablässig auf uns einstürmen, zu „verdünnen". Jedesmal, wenn uns bewußt wird, daß unsere Gedanken schon wieder eigene Wege gehen, holen wir sie ins Mantra zurück.

In der christlichen Meditation, vorwiegend natürlich in der ungegenständlichen, wird anstatt „Mantra" auch „Leitwort" gesagt. Es meint das gleiche und erfüllt tatsächlich auch beide Funktionen: Einmal sammelt es unsere Gedanken und unseren Geist, macht sie „einspitzig", zum andern hat dieses Leitwort, je nachdem, um welches Wort es sich handelt, eine verwandelnde Wirkung. Das „Leitwort" ist keine Erfindung unserer Zeit, es ist vielmehr sehr alt. Es gibt genügend Quellen, die nachweisen, daß bereits ums Jahr 300 nach Christus die Mönche mit solchen Hilfen meditiert haben.

Das Leitwort ist jedoch nicht irgendein beliebiges Wort. Es muß zu uns passen. Es kann dem Übenden von einem Meditationslehrer gegeben werden, zum Beispiel das Wort „Ruhe", das dann tief in die Ausatmung hineingesprochen wird, noch besser aber ist es, wenn es sich im Übenden selbst meldet, was längere Zeit dauern kann. Es ist auch möglich, daß ein solches Wort ganz plötzlich „da ist".

Hier einige Leitworte: „Ich – bin." Dabei wird einatmend „ich" denkend gesprochen, also nicht laut, was auch gar nicht geht, und „bin" während der Atem ausströmt. Ein anderes: „Gott in mir – ich in Gott." Dabei wird „Gott in mir" einatmend „gedacht" bzw. lautlos „gesprochen", „ich in Gott" mit dem ausströmenden Atem verbunden. Dieses Leitwort macht uns sehr stark deutlich, daß Gottes Kraft, Gottes Geist mit jeder Einatmung in uns einströmt, und wie wir uns in Gott hineingeben, „hineinströmen", während wir ausatmen. „Du in mir – ich in dir..." ist eine leicht abgewandelte Form.

„Herr ich preise dich..." ist ein anderes Beispiel: Einatmend wird „Herr" gedacht, ausatmend „ich preise dich". Natürlich kann auch abgewandelt werden: „Herr – ich lobe dich", „Herr, ich rühme dich...". Oder wir nehmen einfach das Wort „Gott" ganz tief in unseren Atem hinein. Wer Hemmungen hat, dieses wunderschöne, so oft mißbrauchte und mißverstandene Wort als Meditations-„Hilfe" zu verwenden, der soll sich klarmachen, daß dieses Wort, mit dem Atem in unser Innerstes geführt, wirklich eine starke verwandelnde Kraft besitzt. Ebenso können verwendet werden: „Vater", „Maria", „Maria-Mutter", also einatmend „Maria", ausatmend „Mutter", „Du". Es gibt viele Worte. Dazu ein Zitat aus Pater Anselm Grüns „Einreden": „Das Wort, das man als Leit- oder Übungswort gewählt hat, kann einem immer wieder Halt geben, Geborgenheit schenken. Ich kann immer wieder auf das Wort zurückkommen, wenn ich unbeschäftigt bin, wenn ich auf irgend etwas warten muß. Ich kann dieses Wort auch beten, wenn ich innerlich leer bin, gar nicht aufgelegt zu einem intensiven Gespräch mit Gott, wenn ich meine Gedanken nicht ordnen kann und mit mir nicht zurecht komme. Ich darf mich einfach dem Wort überlassen... ich lasse mich in das Wort hineinfallen. Es ist mein Wort, ein Wort, in dem ich wohne, in dem ich daheim bin. Es gehört zu mir, ich spüre, wie ich durch das Wort mit mir selbst in Kontakt komme. Es ist ein Stück von mir geworden...".

An dieser Stelle sei noch einmal auf das „Herzensgebet" oder besser „Jesus-Gebet" hingewiesen, auch als „Immerwährendes Gebet" bekannt. Es kann in verschiedenen Längen gebetet (meditiert!) werden: „Herr Jesus Christus, erbarme dich meiner", oder: „Herr Jesus Christus, Sohn Gottes, erbarme dich meiner", oder „Jesus Christus, erbarme dich meiner". Es gibt noch einige andere Möglichkeiten, entweder etwas längere oder kürzere. Die Schwierigkeit für den Übenden besteht darin, diese Worte so in den Atem zu integrieren, daß weder ein Atemstau entsteht noch Atemnot eintritt, was leicht geschehen kann, denn es soll ja sehr lange auf diese Weise meditiert (gebetet) werden (siehe das Wort: „Immerwährendes Gebet"). Es gibt über dieses Gebet besondere Literatur.

Vielleicht kann *eine* Regel, ein unumstößlicher Grundsatz für jede Art des Meditierens ebenso wie für jede Art unseres sonstigen Übens, ja, für unseren ganzen Alltag mit all seinen „großen" oder „kleinen" Aufgaben aufgestellt werden, der uns vor Fehlentwicklungen bewahrt: Wir stellen uns bei allem, was wir tun, vor, daß wir es *in der Gegenwart Gottes* tun. Diese Vorstellung, ständig in uns gegenwärtig, ist dann bereits ein „Immerwährendes Gebet".

## Vorschläge für die Meditation

Wer ernsthaft den Wunsch, das Verlangen in sich spürt, zu meditieren, der wird *die* Form finden, die für ihn richtig ist, wobei das kleine Wörtchen „jetzt" hinzugefügt werden muß: Die Form, die *jetzt* für ihn richtig ist. Denn der Mensch ändert sich in jedem Augenblick, wir sind morgen nicht mehr ganz genau die gleichen, die wir heute sind, und heute sind wir ein ganz klein wenig anders, als wir gestern waren. So kann auch niemals gesagt werden: „Jetzt habe ich meine Meditationsart gefunden, bei der bleibe ich mein Leben lang!" Wir sollten aber auch nicht andauernd hin und her pendeln, sondern bei der einmal gewählten Art zumindest einige Zeit bleiben. Alles durcheinander führt zu nichts, im Gegenteil, es kann sehr verwirrend sein.

Nun nehme ich *meine Meditationshaltung* ein, auf dem Boden entweder mit gekreuzten Beinen (Lotussitz), auf einem Kissen, einem Bänkchen oder einem Stuhl. Ich richte den Rücken ganz gerade auf, indem ich ein wenig das Becken nach vorne schiebe, ich spüre dabei deutlich, wie sich die Wirbelsäule streckt und der Rücken noch etwas gerader wird. Der Hinterkopf ist der höchste Punkt des Körpers, das Kinn ist also ein klein wenig angezogen. Dann lasse ich spürbar die Schultern sinken, entspanne Arme und Hände, diese liegen locker entweder an den Oberschenkeln oder den Knien. Ich schließe die Augen und verbinde mit meinem Atem die Vorstellung:

„Gott gibt Leben – Gott gibt Liebe – Gott ist gegenwärtig ...". Ich kann „Christus" in meinen Atem hineinnehmen und damit in mich aufnehmen mit der Vorstellung, daß das Christus-Licht als eine goldene Sonne in mir leuchtet, ihre Strahlen aussendet, bis ich ganz davon erfüllt bin und diese Strahlen weit über mich hinaus Licht spenden.

Wir sollten uns dabei aber ein klares Bewußtsein bewahren, das heißt ganz wach bleiben, aufmerksam in jedem Atemzug. Auf keinen Fall dürfen wir in eine pseudoreligiöse Schwärmerei verfallen, uns auf einer Woge von rosaroten Gefühlen wegschwemmen lassen, gar „abheben". Die ständig kontrollierte aufrechte, gerade Haltung, die eine gewisse Spannung erforderlich macht, ist dazu eine erprobte und bewährte Hilfe. Zudem bewahren uns auch unsere Körperhaltungen im Stil des Hatha-Yoga vor einem „Abschweben", indem sie uns immer wieder in unseren Körper hineinfinden und den Kontakt mit dem Boden, mit der Erde, mit der Welt, in der wir leben und wirken, immer wieder neu erfahren lassen. Ein anderes Beispiel ist die *Vaterunser-Meditation*. Vor allem Menschen, die gerne betend meditieren möchten, aber nicht so recht wissen, wie, sollten es mit dem VATERUNSER wagen. Es ist das Gebet, das uns Jesus Christus selbst gegeben hat auf die Bitte seiner Jünger hin: „Herr, lehre uns beten!" Und gelegentlich wird Jesu Mahnung als eine Art „Präambel" für dieses Gebet bezeichnet:

„Wenn du aber betest, so geh in dein Kämmerlein und schließe die Tür zu und bete zu deinem Vater im verborgenen . . ." (Matthäus 6,6). Das VATERUNSER ist *das* Gebet, in dem alles enthalten ist, was ein tiefes Gebet aus dem Herzen heraus enthalten soll und kann. In diesem Gebet heißt es stets „unser" und nicht „mein". Das ist sehr wichtig. Es besagt, daß wir alle gemeint sind, daß niemand sich als isoliertes, verlassenes, verlorenes Wesen empfinden darf. Dieses Gebet schließt uns alle zusammen, es schließt alles Lebendige ein.

Wir versenken uns, wieder in unserer Meditationshaltung, ganz tief in jede einzelne Zeile dieses Gebets, wobei wir jeweils nach einer Zeile in der Stille verweilen. Der tiefe Inhalt wird uns erst nach einiger Zeit so richtig deutlich werden, wir werden manches finden, worüber wir bislang noch nicht nachgedacht hatten, das uns einfach noch nicht „aufgegangen" war. Zum Beispiel die Bedeutung der Bitte: „Unser tägliches Brot gib uns heute." Hier ist nicht die Rede von morgen oder übermorgen oder immer. Nein, es heißt ausdrücklich „heute". Was morgen sein wird, überlassen wir „unserem Vater im Himmel". Das bedeutet natürlich nicht, daß wir uns nicht um das Notwendige und Erforderliche kümmern sollten, doch wir sollten uns nicht unnötig sorgen, denn nicht unser Wille geschehe, sondern Gottes Wille. Nach dem „Erlöse uns von dem Bösen . . ." können wir ein eigenes Anliegen formulieren, das stets auch unsren Dank enthalten sollte, unseren Dank dafür, daß wir jetzt da sein dürfen, in Gottes Gegenwart.

Es ist besonders schön, wenn wir zusammen mit Gleichgesinnten meditieren. Das gemeinsame Tun macht es uns leichter, „bei der Sache" zu bleiben. Wir motivieren und „tragen" uns gegenseitig, was eine große Hilfe bedeuten kann. Dann ist es eine gute Einstimmung, wenn einer aus der Gruppe ein einleitendes Gebet spricht, wofür ich das Gebet empfehle, das von Dag Hammarskjöld überliefert ist:

„Ich sitze vor dir, Herr,
aufrecht und entspannt, mit geradem Rückgrat.
Ich lasse mein Gewicht senkrecht durch meinen Körper
hinuntersinken auf den Boden, auf dem ich sitze.
Ich halte meinen Geist fest in meinem Körper.
Ich widerstehe seinem Drang,
aus dem Fenster zu entweichen,
an jedem anderen Ort zu sein als an diesem hier,
in der Zeit nach vorn oder hinten auszuweichen,
um der Gegenwart zu entkommen.
Sanft und fest halte ich meinen Geist dort,
wo mein Körper ist: Hier in diesem Raum.
In diesem gegenwärtigen Augenblick
lasse ich alle meine Pläne, Sorgen und Ängste los.
Ich lege sie jetzt in deine Hände, Herr.
Ich lockere den Griff, mit dem ich sie halte,
und lasse sie dir.
Für den Augenblick überlasse ich sie dir.
Ich warte auf dich – er-wartungsvoll.
Du kommst auf mich zu,
und ich lasse mich von dir tragen.
Ich beginne die Reise nach innen.
Ich reise in mich hinein,
zum innersten Kern meines Seins,
wo du wohnst.
An diesem tiefsten Punkt meines Wesens
bist du schon immer vor mir da,
schaffst, belebst, stärkst ohne Unterlaß
meine ganze Person.
Gott, du bist lebendig. Du bist in mir. Du bist hier.
Du bist jetzt. Du bist.
Du bist der Grund meines Seins. Ich lasse los.
Ich sinke und versinke in dir.

Du überflutets mein Wesen. Du nimmst von mir Besitz.
Ich lasse meinen Atem zu diesem Gebet
der Unterwerfung unter dich werden.
Mein Atem, mein Ein- und Ausatmen, ist Ausdruck
meines Wesens.
Ich tue es für dich – mit dir – in dir.
Wir atmen miteinander . . .".

Dieses Gebet vermag uns viel zu sagen. Unter anderem dies, daß ein Mensch, wie es Dag Hammarskjöld war, in völliger, totaler, kompromißloser Hingabe an Gott sich die Kraft für seine vielfältigen und schweren Aufgaben holt, die ihm gestellt werden. Zur Erinnerung: Dag Hammarskjöld war Generalsekretär der Vereinten Nationen und Friedensnobelpreisträger. Er kam bei einem Flugzeugunglück, dessen Umstände nie ganz geklärt werden konnten, während einer Mission im tiefen Afrika ums Lebens.

Ebenso wie ein „Leitwort", ein „Leitsatz", ein Gebet für unsere Meditation von großer Hilfe ist, so kann es eine Imagination, also eine bildhafte „Einrede" sein. Wir können uns bewußt machen:

In mir ist alles angelegt, was mich zur wahren Erkenntnis führt. Denn Gott ist mein Vater. Er hat mir diese Gaben mit auf meinen Lebensweg gegeben. Und sein Sohn Jesus Christus hat mir zugesagt, daß ich die Wahrheit erkennen werde und dadurch die Freiheit erlange, wenn ich ihm treu bleibe.

Wir können uns zu Beginn der Meditation einen Ausspruch des großen indischen Weisen Ramakrishna vergegenwärtigen: „Gott ist in allen Menschen, aber nicht alle Menschen sind in Gott. Das ist die Ursache, weshalb sie leiden." Oder das Wort von Meister Eckart: „Ich bin des so gewiß, wie ich lebe, daß nichts mir so nahe ist wie Gott. Gott ist mir näher, als ich mir selber bin. Mein Sein hängt daran, daß mir Gott nahe und gegenwärtig sei."

Wir müssen still werden, und dabei hilft uns die Meditation. Ohne still sein zu können, sind wir nicht wirklich

Mensch. Viele Stellen in der Bibel weisen auf die Bedeutung der Stille hin. „Sei stille dem Herrn und warte auf ihn", singt der Psalmist (Psalm 37, 7). „Meine Seele ist stille zu Gott, der mir hilft . . . denn er ist mein Fels, meine Hilfe, mein Schutz, daß ich gewiß nicht fallen werde . . . Sei nur stille zu Gott, meine Seele, denn er ist meine Hoffnung" (Psalm 62, 1 und 6). „Hüte dich und bleibe still, fürchte dich nicht, und dein Herz sei unverzagt", heißt es in Jesaja 7, 4, und an anderer Stelle: „Denn so spricht Gott . . . wenn ihr umkehrtet und stille bliebet, so würde euch geholfen; durch Stillesein und Hoffen würdet ihr stark sein . . ." (Jesaja 30, 15), und in Thessalonicher 4,11, steht: „Ringet danach, daß ihr stille seid . . .". Ringet danach, daß ihr stille seid – das sagt aus, worum es geht: Wir müssen von uns aus tun, was wir können, denn Stillesein ist nicht leicht. Natürlich können wir es, es ist in uns angelegt, doch wir haben es verlernt. Wir müssen danach ringen. Dieses ehrliche, ständige Ringen wird nicht unerhört bleiben. Vertrauen wir darauf!

Viele geben freilich das Üben nach einiger Zeit auf, weil sie meinen, sie vermöchten nichts von einem Fortschritt an sich festzustellen. Und selbst dann, wenn sie dann und wann einen solchen zu verspüren glauben, sind sie enttäuscht. Sie hatten mehr erwartet. Es werden ja oft genug Sensationen erhofft dort, wo das kleine Pflänzchen Erkenntnis in uns wachsen will und alles eher erträgt als Ungeduld. Aber das waren Illusionen. So schnell geht es nicht. Gut Ding will Weile haben. Denken wir an die Eichel, aus der heraus sich in der Stille eine ganze riesige Eiche entwickelt, Sinnbild der Kraft und der Fülle. Denken wir an die Entstehung des Menschen, an sein Wachsen und Werden. Es gibt vieles, an das wir denken sollten in diesem Zusammenhang, wir müssen eben nur still werden und schauen. Doch es ist schon so, wie Exupéry, der große Dichter und berühmte Flieger, seinen „Kleinen Prinzen" sagen läßt: „Das Auge ist blind. Man muß mit dem Herzen suchen!"

Der Fortschritt braucht Zeit; ein Baum wächst langsam,

ein Mensch wird langsam zum wahren Menschen. Halten wir uns vor Augen, daß wir in der Tat bereits erhebliche Fortschritte erzielt haben, daß sie uns nur noch nicht tief ins Bewußtsein gedrungen sind. Diese Fortschritte sind sehr zarte Pflanzen. Bisher haben wir uns vorwiegend mit den vielen groben Dingen des äußerlich Sicht- und Greifbaren beschäftigt. Mit ihnen sind unsere Sinne vertraut. Nun geht es darum, die Sinne dem Unsichtbaren, Ungreifbaren zu öffnen. Es braucht seine Zeit, bis wir spüren, wie sich in uns Veränderungen anbahnen. Wahrheit, Erkenntnis, Liebe – sie alle sind in uns angelegt. Es geht nur darum, daß sie geweckt werden.

Das ist Ziel, Sinn und Geheimnis unseres Übens.

*Weiterführende Literatur*

Margreth Distelbarth:
*108 Gespräche über Yoga und Christentum,*
278 Seiten, M. A. Steiner-Verlag, München.

Albrecht Frenz:
*Christlicher Yoga.*
98 Seiten. Steinkopf-Verlag, Stuttgart.

*Verlautbarungen des Apostolischen Stuhls,* Heft 95.
Sekretariat der Deutschen Bischofskonferenz, Bonn.

P. Anselm Grün, OSB:
*Einreden,*
76 Seiten. Münsterschwarzacher Kleinschriften, 19.
Vier-Türme-Verlag Münsterschwarzach.

Thomas Keating, OSB:
*Das Gebet der Sammlung.*
211 Seiten. Schriften zur Kontemplation, 4.
Vier-Türme-Verlag, Münsterschwarzach.

P. Willigis Jäger, OSB:
*Kontemplatives Beten.*
110 Seiten. Schriften zur Kontemplation, 1.
Vier-Türme-Verlag, Münsterschwarzach

## Bücher, die Mut machen zum Leben

*Peter Paal · Erfüllter Tag*
Ein Brevier für alle Tage des Jahres
312 Seiten, gebunden, ISBN 3-451-22428-3

Ein Lesebuch der Lebenskunst für jeden Tag des Jahres. Kostbarkeiten aus dem Schatz der Literatur und Lebensweisheit der Welt. Worte, die gut tun und Mut machen zum Leben: eine Oase in der Wüste des Alltags.

*Peter Paal · Die wunderbare Kraft der Gedanken*
Glücks-Erfahrungen
3. Auflage, 240 Seiten, gebunden, ISBN 3-451-21560-8

»Die wunderbare Kraft der Gedanken«, von der Peter Paal aus eigener Erfahrung berichtet, kann Krisen wenden, Gesundung beschleunigen, Licht in dunkle Tage bringen. Eine gehaltvolle Sammlung optimistischer Ermutigungstexte.

*Peter Paal · Mut zum Leben*
Wie man im Alltag Kraft schöpfen kann
240 Seiten, gebunden, ISBN 3-451-22335-X

Paals persönlichstes Buch, das zeigt, wie man bei den ganz alltäglichen Dingen immer wieder den Blick geschärft hält für das Wesentliche. Gangbare Wege zu heiterer Gelassenheit.

*Otto Betz · Vom Zauber der einfachen Dinge*
240 Seiten, gebunden, ISBN 3-451-22334-1

Glückserfahrung ist keine Angelegenheit von Geld und Reichtum. Sie stellt sich vielmehr ein, wenn wir mit mehr Aufmerksamkeit den Zauber des Einfachen wahrnehmen. Ein Geschenkbuch, das einlädt zum Glücklichsein.

Verlag Herder Freiburg · Basel · Wien

*Bücher, die neue Kräfte schenken*

*Erik Blumenthal · An sich selber glauben*
Selbstvertrauen aus der Tiefe
120 Seiten, Paperback, ISBN 3-451-22429-1

Erik Blumenthal, eine der herausragenden Therapeutengestalten, zeigt in diesem Buch einen Weg der Persönlichkeitsentfaltung, der den Menschen zu mehr Selbstvertrauen, Liebes- und Gemeinschaftsfähigkeit befreit. Eine überragende Orientierungshilfe für ein Leben ohne Angst.

*Dieter Schwartz · Nicht gleich den Kopf verlieren*
Vernünftiger Umgang mit selbstschädigenden Gefühlen
160 Seiten, Paperback, ISBN 3-451-22431-3

Eine neue Art des Denkens lehrt dieses sympathische Lebensbuch, das die Hindernisse auf dem Weg zu persönlicher Zufriedenheit benennt und sie beseitigen hilft. Konkrete Anregungen zur Bewältigung der Herausforderungen des Alltags.

*Hildegund Fischle-Carl · Ich und das Kind, das ich war*
Lebensfreude durch Befreiung
Ca. 140 Seiten, Paperback, ISBN 3-451-22430-5

Dieses verblüffende Buch lädt dazu ein, das verlorene Kind in sich selbst zu entdecken und besser zu verstehen. Es hilft, dem eigenen Verhalten von seinen Wurzeln her auf die Spur zu kommen, Entwicklungshemmnisse zu überwinden und so zu mehr Lebensqualität zu finden.

Verlag Herder Freiburg · Basel · Wien